SUPER FACILE

Cakes, quiches et tartes

Valéry
Guedes

SOLAR
EDITIONS

ÉDITO

Vous débutez en cuisine ? Vous êtes pressé par le temps ou disposez de moyens limités ? Vous ne manquerez plus d'idées pour faire face à tous les impératifs et toutes les occasions du quotidien.

Valéry Guedes a imaginé pour vous 90 recettes super faciles de cakes, tartes et quiches. Il vous offre dans ce livre ses secrets pour parvenir à l'équation idéale d'une cuisine conviviale vraiment simple, ou comment, avec peu d'ingrédients et aussi peu d'étapes, préparer des recettes variées et originales.

Découvrez ainsi l'essentiel pour élaborer des cakes, tartes et quiches privilégiant les produits de saison et révélant de nouvelles associations gourmandes, à proposer en guise d'apéros, de bons petits plats ou de desserts.

Déclinez vos envies avec des recettes qui redonneront du goût à votre cuisine de tous les jours.

Quand simplicité et saveur sont au rendez-vous, cuisiner devient...

... super facile !

SOMMAIRE

CAKE
à la patate douce et au romarin

Pour 6 personnes

Préparation : 15 min

Cuisson : 1 h 20

1 patate douce de 500 g

200 g de farine

½ sachet de levure chimique

12 cl de crème liquide

1 œuf

50 g de beurre demi-sel
+ un peu pour le moule

2 branches de romarin frais
+ 1 branche pour la décoration

2 cuil. à soupe de graines
de courge

½ cuil. à café de curcuma

sel et poivre du moulin

Notes : ....

....

....

1 **Préchauffez** le four à 180 °C (th. 6).

2 **Lavez** et pelez la patate douce, puis faites-la cuire dans une casserole d'eau bouillante avec 1 branche de romarin pendant 20 minutes (la chair doit être tendre).

3 **Écrasez** à la fourchette la pulpe de patate douce avec le beurre, puis ajoutez l'œuf, le curcuma, la crème, la farine, la levure et les graines de courge.

4 **Mélangez** et incorporez la branche restante de romarin lavée et effeuillée. Salez et poivrez.

5 **Beurrez** un moule à cake et versez-y la préparation. Enfournez pour 1 heure, puis laissez refroidir avant de démouler. Au moment de servir, décorez le cake avec le romarin frais restant.

Transformez ce cake en dessert en ajoutant 120 g de sucre en poudre et 50 g d'amandes ou de noix de pécan.

CAKES À LA FETA
aux poivrons et au basilic citron

Pour 6 personnes

Préparation : 15 min

Cuisson : 20 à 25 min

2 poivrons jaunes

50 g de feta

100 g de farine blanche

100 g de farine de sarrasin

1 sachet de levure chimique

10 cl de crème liquide

3 œufs

5 cl d'huile de noisette
+ 1 filet pour la poêle

3 branches de basilic citron

beurre doux pour les moules

sel et poivre du moulin

Notes : ....

....

....

1 **Préchauffez** le four à 180 °C (th. 6).

2 **Lavez** et tranchez les poivrons en fines lamelles. Faites-les revenir dans une poêle avec 1 filet d'huile de noisette.

3 **Mélangez** dans un saladier les œufs, les farines, la crème, l'huile et la levure. Ajoutez ensuite la feta coupée en dés et le basilic détaillé en feuilles. Salez et poivrez.

4 **Beurrez** 6 petits moules à cake et versez-y la préparation. Enfournez pour 20 à 25 minutes, en surveillant, puis laissez refroidir avant de démouler.

Ajoutez 50 g de pignons et 50 g de parmesan râpé pour plus de gourmandise.

CAKE sans gluten aux tomates séchées et à la burrata

Pour 6 personnes

Préparation : 15 min

Cuisson : 1 h

1 bocal de tomates séchées

150 g de burrata

65 g de farine de riz

65 g de Maïzena®

65 g de farine de lentilles

1 sachet de levure chimique

10 cl de lait

3 œufs

5 cl d'huile de sésame

1 cuil. à café de sésame doré

2 branches de basilic + quelques feuilles pour la décoration

beurre doux pour le moule

sel et poivre du moulin

1 **Préchauffez** le four à 180 °C (th. 6).

2 **Égouttez** les tomates séchées. Réservez-en 2 pour la décoration et coupez le reste en lamelles.

3 **Mélangez** dans un saladier les œufs, les farines, le lait, l'huile et la levure. Lavez et effeuillez le basilic. Ajoutez à la préparation le basilic, le sésame, la burrata en morceaux et les lamelles de tomates séchées. Salez et poivrez.

4 **Beurrez** un moule à cake et versez-y la préparation. Enfournez pour 1 heure, puis laissez refroidir avant de démouler. Au moment de servir, décorez avec les feuilles de basilic.

Notes :

Servez ce cake avec un coulis de tomates maison ou en conserve.

CAKE JAMBON *et olives aux graines de lin*

Pour 6 personnes

Préparation : 15 min

Cuisson : 1 h

100 g de jambon blanc (un talon de jambon)

50 g d'olives vertes dénoyautées

50 g d'olives noires dénoyautées

200 g de farine blanche

1 sachet de levure chimique

20 cl de crème liquide

80 g de comté râpé

3 œufs

5 cl d'huile de colza

50 g de graines de lin

1 cuil. à café de paprika

beurre doux pour le moule

sel et poivre du moulin

1 **Préchauffez** le four à 180 °C (th. 6).

2 **Découpez** le jambon en dés. Égouttez les olives et coupez-les en rondelles.

3 **Mélangez** dans un saladier les œufs, la farine, la crème, l'huile, le paprika et la levure. Ajoutez le jambon, le comté, les rondelles d'olive et les graines de lin. Salez et poivrez.

4 **Beurrez** un moule à cake et versez-y la préparation. Enfournez pour 1 heure, puis laissez refroidir avant de démouler.

Notes : ....

....

....

Remplacez le jambon par des dés
de poulet ou de dinde.

CAKE AU JAMBON *de pays et noix de cajou*

Pour 6 personnes

Préparation : 15 min

Cuisson : 1 h

100 g de jambon de pays

100 g de noix de cajou non salées

200 g de farine blanche

1 sachet de levure chimique

10 cl de lait

80 g de gorgonzola

3 œufs

5 cl d'huile d'olive

3 tiges de ciboulette

beurre doux pour le moule

sel et poivre du moulin

1 **Préchauffez** le four à 180 °C (th. 6).

2 **Découpez** le jambon en lamelles. Concassez grossièrement les noix de cajou. Faites tiédir le lait dans une casserole.

3 **Mélangez** dans un saladier les œufs, la farine, la levure, le lait tiède, l'huile et la ciboulette émincée. Ajoutez le jambon, les noix de cajou, puis le gorgonzola coupé en morceaux. Salez et poivrez.

4 **Beurrez** un moule à cake et versez-y la préparation. Enfournez pour 1 heure, puis laissez refroidir avant de démouler.

Notes :

Réalisez ce cake en version apéritive dans des caissettes individuelles.
Diminuez alors le temps de cuisson à 35 minutes environ.

CAKE
courgettes, chèvre, miel et graines de chia

Pour 6 personnes
Préparation : 15 min
Cuisson : 50 min

2 petites courgettes
50 g de chèvre bûche
200 g de farine blanche
1 sachet de levure chimique
10 cl de crème de soja
3 œufs
5 cl d'huile de noix
+ 1 filet pour la poêle
1 gousse d'ail
3 cuil. à café de graines de chia
1 cuil. à soupe de miel liquide
beurre doux pour le moule
sel et poivre du moulin

Notes : ....

1 **Préchauffez** le four à 180 °C (th. 6).

2 **Lavez** et coupez les courgettes en lamelles à l'aide d'un économe (comme des tagliatelles). Faites-les revenir dans une poêle chaude avec 1 filet d'huile de noix et la gousse d'ail émincée.

3 **Mélangez** dans un saladier les œufs, la crème de soja, la farine, la levure et l'huile. Ajoutez ensuite les courgettes revenues, les graines de chia, le chèvre coupé en morceaux et le miel.

4 **Beurrez** un moule à cake et versez-y la préparation. Enfournez pour 45 minutes, puis laissez refroidir avant de démouler.

Ajoutez des dés de lard fumé pour plus de gourmandise.

CAKE
aux crevettes et moules au curry

Pour 6 personnes

Préparation : 15 min

Cuisson : 55 min

100 g de crevettes cuites (fraîches ou surgelées)

50 g de moules surgelées

200 g de farine blanche

1 sachet de levure chimique

10 cl de crème de coco

3 œufs

1 gousse d'ail

3 cuil. à café de curry

2 branches d'estragon

5 cl d'huile d'olive + 1 filet pour la poêle

beurre doux pour le moule

sel et poivre du moulin

1 **Préchauffez** le four à 180 °C (th. 6).

2 **Laissez décongeler** le temps indiqué les crevettes et les moules.

3 **Faites chauffer** une poêle avec 1 filet d'huile d'olive et faites revenir l'ail émincé finement avec les crevettes. Ajoutez la crème de coco et le curry, puis les moules. Laissez mijoter 5 minutes.

4 **Mélangez** dans un saladier les œufs, la farine, la levure et l'huile. Ajoutez ensuite la préparation aux moules et crevettes, puis les feuilles d'estragon lavées et émincées. Salez et poivrez.

5 **Beurrez** un moule à cake et versez-y la préparation. Enfournez pour 45 minutes, puis laissez refroidir avant de démouler.

Notes : ....

....

....

Réalisez ce cake avec des noix de saint-jacques ou des coques.

CAKE
aux deux saumons et à la sauge

Pour 6 personnes

Préparation : 15 min

Cuisson : 50 min

150 g de saumon frais
100 g de saumon fumé
50 g d'oignons grelots au vinaigre
200 g de farine blanche
1 sachet de levure chimique
10 cl de crème liquide
3 œufs
5 cl d'huile d'olive
1 cube de bouillon de légumes
2 branches de sauge
1 feuille de laurier
beurre doux pour le moule
1 pincée de gros sel
sel et poivre du moulin

1 **Préchauffez** le four à 180 °C (th. 6).

2 **Faites bouillir** une casserole d'eau salée avec le cube de bouillon, le laurier et 1 branche de sauge. Lorsque l'eau bout, ajoutez le saumon frais pendant 5 à 6 minutes, feu éteint, puis égouttez-le. Émiettez-le à l'aide d'une fourchette.

3 **Détaillez** le saumon fumé en tranches fines.

4 **Mélangez** dans un saladier les œufs, la crème liquide, la farine, la levure et l'huile. Ajoutez ensuite les deux saumons et les oignons grelots coupés en deux. Ajoutez enfin la sauge restante lavée et ciselée. Salez, poivrez et mélangez bien.

5 **Beurrez** un moule à manqué et versez-y la préparation. Enfournez pour 45 minutes, puis laissez refroidir avant de démouler.

Notes :

Accompagnez ce cake de blancs de poireau revenus à la poêle avec de la crème fraîche.

CAKE
à la moutarde et à la saucisse de Morteau

Pour 6 personnes

Préparation : 15 min

Cuisson : 45 min

200 g de saucisse de Morteau cuite

80 g de farine de maïs

60 g de fécule de pomme de terre

60 g de farine de sarrasin

1 sachet de levure chimique

10 cl de crème de riz

3 œufs

5 cl d'huile d'olive

2 échalotes

2 cuil. à soupe de moutarde à l'ancienne

beurre doux pour le moule

sel et poivre du moulin

Notes : ....

....

....

1 **Préchauffez** le four à 180 °C (th. 6).

2 **Enlevez** la peau de la saucisse de Morteau et coupez-la en dés. Pelez et émincez finement les échalotes.

3 **Mélangez** dans un saladier les œufs, la crème de riz, les farines, la fécule, la levure, l'huile et la moutarde. Ajoutez ensuite les dés de saucisse et l'échalote. Salez et poivrez.

4 **Beurrez** un moule carré et versez-y la préparation. Enfournez pour 45 minutes, puis laissez refroidir avant de démouler.

Servez ce cake à l'apéritif ou en plat accompagné d'une salade de jeunes pousses.

CAKE AU LARD
et au comté

Pour 6 personnes

Préparation : 15 min

Cuisson : 55 min

200 g de lard fumé

80 g de comté râpé

1 gros oignon jaune

200 g de farine blanche

1 sachet de levure chimique

10 cl de lait

3 œufs

70 g de beurre fondu
+ un peu pour le moule

2 branches de persil plat

1 filet d'huile d'argan

sel et poivre du moulin

Notes : ....

1 **Préchauffez** le four à 180 °C (th. 6).

2 **Pelez** et émincez l'oignon finement. Lavez et ciselez le persil plat et réservez. Coupez le lard en dés.

3 **Faites chauffer** une poêle avec l'huile d'argan. Mettez-y l'oignon pendant 4 minutes, puis ajoutez les dés de lard et laissez cuire encore 3 minutes. Réservez.

4 **Mélangez** dans un saladier les œufs, le lait, la farine, la levure, le beurre fondu, le comté et le persil plat ciselé. Ajoutez ensuite les dés de lard et les oignons. Salez modérément et poivrez.

5 **Beurrez** un moule à cake et versez-y la préparation. Enfournez pour 45 minutes, puis laissez refroidir avant de démouler.

Variez les goûts de ce cake en ajoutant du concentré de tomates.

CAKE au foie gras et magrets de canard

Pour 6 personnes

Préparation : 15 min

Cuisson : 45 min

150 g de foie gras

100 g de magrets fumés de canard

50 g de pignons

200 g de farine blanche

1 sachet de levure chimique

10 cl de lait

3 œufs

30 g de beurre fondu + un peu pour le moule

sel et poivre du moulin

1 **Préchauffez** le four à 180 °C (th. 6).

2 **Faites** chauffer une poêle et faites griller à sec les pignons 1 minute.

3 **Coupez** le foie gras en morceaux assez gros et les magrets en lamelles.

4 **Mélangez** dans un saladier les œufs, le lait, la farine, la levure et le beurre fondu. Ajoutez ensuite les morceaux de foie gras, les magrets et les pignons. Salez et poivrez.

5 **Beurrez** un moule à cake et versez-y la préparation. Enfournez pour 45 minutes, puis laissez refroidir avant de démouler.

Notes : ....

Servez ce cake avec une salade de cresson et une vinaigrette balsamique.

CAKE aux trois fromages et aux figues

Pour 6 personnes

Préparation : 15 min

Cuisson : 45 min

100 g d'emmental râpé

100 g de chèvre frais

100 g de fourme d'Ambert

3 figues fraîches

200 g de farine blanche

1 sachet de levure chimique

10 cl de lait

3 œufs

50 g de beurre fondu
+ un peu pour le moule

sel et poivre du moulin

1 **Préchauffez** le four à 180 °C (th. 6).

2 **Lavez** et séchez les figues, puis coupez-les en quatre dans le sens de la hauteur.

3 **Mélangez** dans un saladier les œufs, le lait, la farine, la levure et le beurre fondu. Ajoutez ensuite le chèvre et la fourme d'Ambert émiettés, l'emmental râpé et les figues.

4 **Beurrez** un moule à cake et versez-y la préparation. Enfournez pour 45 minutes, puis laissez refroidir avant de démouler.

Notes : ....

Réalisez ce cake en changeant selon vos goûts les fromages et en remplaçant les figues par des abricots secs.

CAKE
aux poireaux, au gorgonzola et aux graines de courge

Pour 6 personnes

Préparation : 15 min

Cuisson : 55 min

150 g de blancs de poireau

100 g de gorgonzola

100 g de farine de riz

100 g de fécule de pomme de terre

1 sachet de levure chimique

10 cl de crème de riz

3 œufs

50 g de beurre fondu + un peu pour la poêle et le moule

1 poignée de graines de courge

sel et poivre du moulin

Notes : ....

....

....

1 **Préchauffez** le four à 180 °C (th. 6).

2 **Lavez** et coupez les blancs de poireau en lamelles.

3 **Faites revenir** dans une poêle avec 1 noisette de beurre les poireaux pendant 10 minutes.

4 **Mélangez** dans un saladier les œufs, la crème de riz, la farine, la fécule, la levure et le beurre fondu. Ajoutez ensuite les poireaux, le gorgonzola coupé en morceaux et les graines de courge.

5 **Beurrez** un moule à cake et versez-y la préparation. Enfournez pour 45 minutes, puis laissez refroidir avant de démouler.

CAKES au cheddar, à la coppa et aux graines de lin

Pour 6 personnes

Préparation : 15 min

Cuisson : 20-25 min

150 g de cheddar en dés

100 g de coppa en tranches

200 g de farine blanche

1 sachet de levure chimique

10 cl de lait

3 œufs

50 g de beurre fondu
+ un peu pour les moules

50 g de graines de lin

2 branches de coriandre

sel et poivre du moulin

Notes : ....

1 **Préchauffez** le four à 180 °C (th. 6).

2 **Lavez** et ciselez la coriandre. Mélangez dans un saladier les œufs, le lait, la farine, la levure et le beurre fondu.

3 **Ajoutez** ensuite les dés de cheddar, les graines de lin et enfin la coriandre ciselée.

4 **Beurrez** 6 petits moules à cake. Remplissez chaque moule à moitié de la préparation, puis déposez 1 tranche de coppa roulée et recouvrez de pâte.

5 **Enfournez** pour 20 à 25 minutes, en surveillant, puis laissez refroidir avant de démouler.

Réalisez ce cake en remplaçant le cheddar par un autre fromage.

CAKE
aux graines

Pour 6 personnes

Préparation : 15 min

Cuisson : 25 min

50 g de graines de sésame

50 g de graines de tournesol

50 g de graines de courge

50 g de graines de lin

300 g de farine blanche

1 sachet de levure chimique

80 g de comté râpé

10 cl de lait

3 œufs

120 g de beurre demi-sel fondu + un peu pour le moule

sel et poivre du moulin

Notes : ______________________

1 **Préchauffez** le four à 180 °C (th. 6).

2 **Mélangez** dans un saladier les œufs, le lait, la farine, la levure et le beurre fondu.

3 **Faites griller** à sec dans une poêle les graines et ajoutez-les à la préparation. Ajoutez le comté.

4 **Beurrez** un moule à cake et versez-y la préparation. Enfournez pour 25 minutes, puis laissez refroidir avant de démouler.

Variez les plaisirs
et préparez ce cake
avec les graines à votre disposition
et ce que contient votre garde-manger.

CAKE
à la vanille et aux pralines roses

Pour 6 personnes

Préparation : 15 min

Cuisson : 1 h

1 gousse de vanille

3 cuil. à café de vanille liquide

80 g de pralines roses concassées + un peu pour la décoration

150 g de sucre en poudre

140 g de Maïzena®

60 g de farine de maïs

1 sachet de levure chimique

10 cl de lait

3 œufs

50 g de beurre doux + un peu pour le moule

50 g de graines de chia

1 **Préchauffez** le four à 180 °C (th. 6).

2 **Fendez** la gousse de vanille en deux et grattez les graines.

3 **Faites bouillir** dans une casserole le lait avec la gousse de vanille fendue et les graines. Faites fondre le beurre au four à micro-ondes pendant 30 secondes.

4 **Mélangez** dans un saladier les œufs, la farine, la Maïzena®, la levure, le sucre en poudre, le lait vanillé chaud, le beurre fondu, la vanille liquide, les graines de chia puis les pralines roses.

5 **Beurrez** un moule carré et versez-y la préparation. Enfournez pour 1 heure, puis laissez refroidir avant de démouler. Au moment de servir, décorez de quelques pralines roses.

Notes : ....

Variez les parfums en utilisant de la pâte de pistaches ou de l'extrait de café à la place ou en complément de la vanille.

CAKES
au chocolat et au miso

Pour 6 personnes

Préparation : 15 min

Cuisson : 20-25 min

150 g de chocolat au lait à pâtisserie

1 cuil. à café de miso blanc

200 g de farine blanche

100 g de sucre en poudre

1 sachet de levure chimique

1 sachet de sucre vanillé

10 cl de crème liquide

3 œufs

50 g de beurre doux + un peu pour les moules

Notes : ....

1 **Préchauffez** le four à 180 °C (th. 6).

2 **Faites fondre** au four à micro-ondes le beurre et le chocolat coupé en morceaux pendant 2 minutes 30.

3 **Mélangez** dans un saladier les œufs, la farine, la levure, le crème liquide, le sucre en poudre, le sucre vanillé et le miso. Ajoutez le chocolat et le beurre fondus.

4 **Beurrez** 6 petits moules à cake et versez-y la préparation. Enfournez pour 20 à 25 minutes, en surveillant (le dessus doit être craquant), puis laissez refroidir avant de démouler.

Réalisez cette recette avec du chocolat noir ou blanc. Le miso apporte une petite touche salée.

CAKE
aux amandes et au citron vert

Pour 6 personnes

Préparation : 15 min

Cuisson : 1 h

100 g de poudre d'amandes

50 g d'amandes entières

2 cuil. à café d'extrait d'amande amère

2 citrons verts

150 g de farine blanche

150 g de sucre roux en poudre

1 sachet de levure chimique

10 cl de lait d'amande

3 œufs

50 g de beurre doux + un peu pour le moule

Notes : ....

....

....

1 **Préchauffez** le four à 180 °C (th. 6).

2 **Faites fondre** au four à micro-ondes le beurre pendant 30 secondes.

3 **Mélangez** dans un saladier les œufs, la farine, la poudre d'amandes, la levure, le lait, le sucre, l'extrait d'amande amère et les amandes entières.

4 **Zestez** 1 citron. Pressez les 2 citrons. Ajoutez le jus et les zestes à la préparation.

5 **Beurrez** un moule à cake et versez-y la préparation. Enfournez pour 1 heure, puis laissez refroidir avant de démouler.

Servez ce cake accompagné d'un coulis de framboises.

CAKE
aux pommes et à la cannelle

Pour 6 personnes

Préparation : 15 min

Cuisson : 1 h 10

3 pommes pink lady

200 g de farine blanche

150 g de sucre en poudre

1 sachet de levure chimique

10 cl de lait

3 œufs

50 g de beurre doux
+ un peu pour le moule

50 g de beurre demi-sel

1 cuil. à café de cannelle moulue

Notes :

1 **Préchauffez** le four à 180 °C (th. 6).

2 **Lavez** les pommes et tranchez-les finement.

3 **Faites** chauffer une poêle avec le beurre salé et 50 g de sucre et ajoutez-y les pommes. Faites-les caraméliser et réservez-les. Faites fondre au four à micro-ondes le beurre doux pendant 30 secondes.

4 **Versez** dans un saladier les œufs, la farine, la levure, le sucre en poudre restant, le lait, le beurre fondu et la cannelle. Mélangez, puis ajoutez les pommes caramélisées.

5 **Beurrez** un moule à cake et versez-y la préparation. Enfournez pour 1 heure, puis laissez refroidir avant de démouler.

Servez avec une compote de pommes maison.

CAKE
au citron vert et à l'estragon

Pour 6 personnes

Préparation : 15 min

Cuisson : 45 min

3 citrons verts

1 branche d'estragon
+ un peu pour la décoration

200 g de farine blanche

1 sachet de levure chimique

10 cl de crème de coco

10 cl de sirop de coco

3 œufs

50 g de beurre doux
+ un peu pour le moule

Notes : ....

....

....

1 **Préchauffez** le four à 180 °C (th. 6).

2 **Lavez** et prélevez les zestes des citrons verts, puis pressez-les.

3 **Lavez** et ciselez l'estragon. Faites fondre au four à micro-ondes le beurre pendant 30 secondes.

4 **Versez** dans un saladier les œufs, la farine, la levure, le sirop de coco, la crème de coco et le beurre fondu. Mélangez puis ajoutez les zestes et le jus de citron, et enfin l'estragon.

5 **Beurrez** un moule à cake et versez-y la préparation. Enfournez pour 45 minutes, puis laissez refroidir avant de démouler. Parsemez d'estragon avant de servir.

Utilisez du basilic ciselé à la place de l'estragon.

CAKE
à la mangue et à la noix de coco

Pour 6 personnes

Préparation : 15 min

Cuisson : 45 min

1 mangue

½ noix de coco fraîche

100 g de farine de riz

100 g de fécule de pomme de terre

100 g de muscovado

1 sachet de sucre vanillé

1 sachet de levure chimique

10 cl de crème de coco

3 œufs

50 g de beurre doux + un peu pour le moule

Notes : ....

1 **Préchauffez** le four à 180 °C (th. 6).

2 **Cassez** la noix de coco et n'utilisez que la moitié. Découpez les morceaux de coco en lamelles.

3 **Pelez** et découpez la mangue en morceaux. Faites fondre au four à micro-ondes le beurre pendant 30 secondes.

4 **Versez** dans un saladier les œufs, la farine, la fécule, la levure, le muscovado, la crème de coco, le beurre fondu et le sucre vanillé. Mélangez, puis ajoutez les fruits.

5 **Beurrez** un moule à manqué et versez-y la préparation. Enfournez pour 45 minutes, puis laissez refroidir avant de démouler.

Servez ce cake avec un coulis de mangue surgelé ou frais.

CAKE MARBRÉ *et fudge*

Pour 6 à 8 personnes

Préparation : 30 min

Cuisson : 50-55 min

150 g de chocolat au lait à pâtisserie

70 g d'éclats de fudge

1 petit pot de 150 g de caramel au beurre salé

100 g de farine de châtaigne

100 g de Maïzena®

100 g de sucre en poudre

1 sachet de levure chimique

1 sachet de sucre vanillé

10 cl de crème liquide

3 œufs

150 g de beurre doux + un peu pour le moule

1 Préchauffez le four à 180 °C (th. 6). Faites fondre au four à micro-ondes le beurre pendant 30 secondes.

2 Mélangez dans un saladier les œufs, la farine, la Maïzena®, la levure, la crème liquide, le sucre en poudre, le sucre vanillé et le beurre fondu, puis séparez la pâte en deux parties égales.

3 Cassez le chocolat en morceaux et faites-les fondre dans une casserole au bain-marie. Ajoutez le chocolat fondu à une des deux préparations.

4 Ajoutez le caramel au beurre salé et les éclats de fudge à l'autre préparation.

5 Beurrez un moule à cake et versez-y les préparations en alternant et en commençant par celle au chocolat. Enfournez pour 45 à 50 minutes, puis laissez refroidir avant de démouler.

Pour une version intense, remplacez le chocolat au lait par du chocolat noir et laissez la seconde préparation nature.

CAKE
à l'abricot, aux amandes et à la coriandre

Pour 6 personnes

Préparation : 15 min

Cuisson : 1 h

- 6 abricots
- 125 g de poudre d'amandes
- 50 g d'amandes effilées
- 3 cuil. à café d'extrait d'amande amère
- 5 ou 6 tiges de coriandre
- 150 g de sucre en poudre
- 120 g de farine blanche
- 1 sachet de levure chimique
- 10 cl de crème liquide
- 3 œufs
- 50 g de beurre doux + un peu pour le moule

1 **Préchauffez** le four à 180 °C (th. 6).

2 **Lavez** et coupez les abricots en quatre. Lavez et ciselez la coriandre.

3 **Faites fondre** au four à micro-ondes le beurre pendant 30 secondes.

4 **Versez** dans un saladier les œufs, la farine, la poudre d'amandes, la levure, le sucre en poudre, la crème liquide, le beurre fondu et l'extrait d'amande amère. Mélangez, puis ajoutez les abricots, la coriandre ciselée et les amandes effilées.

5 **Beurrez** un moule à cake et versez-y la préparation. Enfournez pour 1 heure, puis laissez refroidir avant de démouler.

Servez ce cake avec une boule de glace au yaourt.

CAKE
aux figues fraîches

Pour 6 personnes
Préparation : 15 min
Cuisson : 45 min

6 figues fraîches
150 g de pâte de pistaches
100 g de farine blanche
100 g de pistaches non salées
80 g de sucre en poudre
1 sachet de levure chimique
2 œufs
1 yaourt à la grecque
beurre doux pour le moule

Notes : ....

1 **Préchauffez** le four à 180 °C (th. 6).

2 **Lavez** et coupez les figues en quatre.

3 **Versez** dans un saladier les œufs, la farine, la levure, le sucre en poudre, le yaourt, les pistaches et la pâte de pistaches. Mélangez, puis ajoutez les figues fraîches.

4 **Beurrez** un moule à cake et versez-y la préparation. Enfournez pour 45 minutes, puis laissez refroidir avant de démouler.

Servez ce cake avec une boule de glace à la pistache.

CAKE
au muesli et aux graines

Pour 6 personnes
Préparation : 15 min
Cuisson : 40 min

15 g de graines de tournesol
15 g de graines de chia
15 g de graines de lin
80 g de muesli aux amandes
100 g de farine blanche
1 sachet de levure chimique
50 g de sirop de coco
10 cl de lait
3 œufs
120 g de beurre demi-sel fondu
beurre doux pour le moule

Notes : ....

....

....

1 **Préchauffez** le four à 180 °C (th. 6).

2 **Mélangez** dans un saladier les œufs, le lait, la farine, la levure, le beurre fondu et le sirop de coco. Ajoutez le muesli.

3 **Faites griller** à sec les graines et ajoutez-les à la préparation.

4 **Beurrez** un moule à cake et versez-y la préparation. Enfournez pour 40 minutes, puis laissez refroidir avant de démouler.

Réalisez ce cake en utilisant
du muesli aux fruits
ou au chocolat.

CAKE *aux fruits rouges et au basilic*

Pour 6 personnes

Préparation : 15 min

Cuisson : 1 h

200 g de mélange de fruits rouges surgelés ou frais (framboises, myrtilles, fraises...) + un peu pour la décoration

3 branches de basilic

60 g de farine de maïs

120 g de Maïzena®

150 g de sucre en poudre

1 sachet de levure chimique

10 cl de lait d'amande

3 œufs

50 g de beurre doux + un peu pour le moule

3 cuil. à café de vanille liquide

Notes : ....

1 **Préchauffez** le four à 180 °C (th. 6).

2 **Faites fondre** au four à micro-ondes le beurre pendant 30 secondes. Lavez et ciselez le basilic.

3 **Versez** dans un saladier les œufs, la farine et la Maïzena®, puis la levure, le sucre en poudre, le lait d'amande, le beurre fondu et la vanille liquide. Mélangez, puis ajoutez les fruits rouges et le basilic ciselé.

4 **Beurrez** un moule à cake et versez-y la préparation. Enfournez pour 1 heure, puis laissez refroidir avant de démouler. Au moment de servir, décorez de quelques fruits.

Si vous utilisez des fruits surgelés il faut penser à les mettre à décongeler au moins 3heures avant dans une passoire.
Vous pouvez aussi réaliser ce cake avec d'autres fruits de saison.

CAKE
à l'ananas caramélisé

Pour 6 personnes

Préparation : 15 min

Cuisson : 1 h 15

Repos : 5 min

1 boîte d'ananas au sirop

60 g de farine de maïs

200 g de sucre en poudre

180 g de Maïzena®

1 sachet de levure chimique

10 cl de lait

3 œufs

90 g de beurre doux
+ un peu pour le moule

10 g de citronnelle

3 cuil. à café de vanille liquide

Notes : ....

1 **Préchauffez** le four à 180 °C (th. 6).

2 **Égouttez** l'ananas et coupez-le en morceaux. Faites fondre dans une poêle 40 g de beurre et 50 g de sucre, puis faites caraméliser l'ananas pendant 10 minutes en le retournant régulièrement.

3 **Faites bouillir** dans une casserole le lait et la citronnelle, laissez infuser 5 minutes, puis enlevez la citronnelle. Faites fondre au four à micro-ondes le beurre restant pendant 30 secondes.

4 **Versez** dans un saladier les œufs, la farine, la levure, le sucre en poudre restant, la Maïzena®, le lait à la citronnelle chaud, le beurre fondu et la vanille liquide. Mélangez, puis ajoutez l'ananas.

5 **Beurrez** un moule à cake et versez-y la préparation. Enfournez pour 1 heure, puis laissez refroidir avant de démouler.

Servez ce cake avec un caramel au beurre salé.
Délicieux !

CAKE à la carotte et aux suprêmes de clémentine

Pour 6 personnes

Préparation : 15 min

Cuisson : 40 min

4 carottes

2 clémentines

50 g de farine de riz

70 g de fécule de pomme de terre

120 g de poudre de noisettes

150 g de sucre en poudre roux

1 sachet de levure chimique

3 œufs

5 cl d'huile de noisette

3 gouttes d'essence de fleur d'oranger

beurre doux pour le moule

1 **Préchauffez** le four à 180 °C (th. 6).

2 **Mélangez** dans un saladier les œufs, le sucre, la farine, la fécule, la levure et l'huile.

3 **Lavez** et râpez les carottes. Versez-les dans le saladier puis ajoutez la poudre de noisettes et l'essence de fleur d'oranger.

4 **Pelez** les clémentines et prélevez les suprêmes. Ajoutez-les à la préparation.

5 **Beurrez** un moule carré et versez-y la préparation. Enfournez pour 40 minutes, puis laissez refroidir avant de démouler.

Notes : ....

Pour prélever les suprêmes, il suffit de passer un couteau pointu entre chaque membrane du fruit et d'en extraire la pulpe.

CAKE
aux noix de pécan et au sirop de sureau

Pour 6 personnes

Préparation : 15 min

Cuisson : 40-45 min

100 g de noix de pécan

2 cuil. à soupe de sirop de sureau

160 g de farine blanche

130 g de sucre en poudre

½ sachet de levure chimique

10 cl de lait

3 œufs

120 g de beurre demi-sel fondu

1 yaourt blanc

beurre doux pour le moule

Notes : ....

....

....

1 **Préchauffez** le four à 180 °C (th. 6).

2 **Mélangez** dans un saladier les œufs, le lait, la farine, la levure, le sucre, le beurre fondu, le yaourt et le sirop de sureau.

3 **Concassez** grossièrement les noix de pécan et ajoutez-les à la préparation.

4 **Beurrez** un moule à manqué et versez-y la préparation. Enfournez pour 40 à 45 minutes, puis laissez refroidir avant de démouler.

Réalisez ce cake avec du sirop d'érable ou du miel.

CAKE
aux marrons glacés

Pour 6 personnes
Préparation : 15 min
Cuisson : 40 min

300 g de crème de marrons
6 marrons glacés
100 g de farine de châtaigne
80 g de sucre en poudre
½ sachet de levure chimique
3 œufs
120 g de beurre demi-sel
beurre doux pour le moule

1 **Préchauffez** le four à 180 °C (th. 6).

2 **Faites fondre** au four à micro-ondes le beurre pendant 30 secondes.

3 **Mélangez** dans un saladier les œufs, la farine, la levure, le beurre fondu et le sucre. Ajoutez ensuite la crème de marrons.

4 **Écrasez** grossièrement les marrons glacés et ajoutez-les à la préparation.

5 **Beurrez** un moule à cake et versez-y la préparation. Enfournez pour 40 minutes, puis laissez refroidir avant de démouler.

Notes : ....

Pour une version plus corsée, ajoutez du Cointreau®.

QUICHE
aux deux saumons

Pour 6 personnes

Préparation : 20 min

Cuisson : 45 min

1 pâte brisée

150 g de saumon frais ou surgelé

150 g de saumon fumé

3 oignons nouveaux avec leurs tiges

3 œufs

20 cl de crème fraîche épaisse

1 cuil. à café de graines de fenouil

1 feuille de laurier

1 pincée de gros sel

beurre doux pour le moule

sel et poivre du moulin

Notes : ....

1 **Préchauffez** le four à 200 °C (th. 6-7).

2 **Beurrez** un moule à tarte. Foncez la pâte dans le moule et piquez-la avec une fourchette.

3 **Faites bouillir** dans une casserole d'eau avec le gros sel et la feuille de laurier. Plongez-y le saumon frais pendant 3 minutes, puis égouttez-le soigneusement.

4 **Taillez** le saumon fumé en lamelles. Lavez et pelez les oignons nouveaux, puis émincez-les finement avec leurs tiges.

5 **Battez** dans un saladier les œufs avec la crème et ajoutez les graines de fenouil. Salez et poivrez, puis ajoutez les oignons nouveaux émincés.

6 **Disposez** les deux saumons sur la pâte, versez la préparation œufs-crème-oignons, puis enfournez pour 40 minutes. Dégustez tiède ou froid.

Remplacez la crème fraîche par de la ricotta
et ajoutez des œufs de saumon.

QUICHE
à la lotte et au haddock

Pour 6 personnes

Préparation : 30 min

Cuisson : 40 min

1 pâte brisée

200 g de haddock

200 g de lotte fraîche ou surgelée

15 cl de crème fraîche épaisse

3 œufs

30 g de beurre doux + un peu pour le moule

1 cuil. à soupe de pavot

1 bouquet de persil plat

sel et poivre du moulin

Notes : ....

1 **Préchauffez** le four à 200 °C (th. 6-7).

2 **Beurrez** un moule à tarte. Foncez la pâte dans le moule et piquez-la avec une fourchette. Recouvrez-la d'un papier sulfurisé, puis ajoutez des billes de cuisson. Faites-la précuire pendant 10 minutes, puis ôtez le papier et les billes.

3 **Faites chauffer** une poêle avec le beurre et faites revenir la lotte coupée en morceaux pendant 5 minutes, puis ajoutez le haddock émincé.

4 **Battez** dans un saladier les œufs, la crème et le pavot. Salez et poivrez.

5 **Déposez** le haddock, puis la lotte sur le fond de tarte précuit. Versez l'appareil crème-œufs et enfournez pour 30 minutes. Parsemez la quiche de persil plat ciselé et dégustez-la tiède ou froide.

Vous pouvez aussi ajouter de la chapelure dans le fond de tarte au lieu de la faire cuire à blanc pour éviter que le fond de la quiche ne soit humide.

QUICHE AU LARD,
à l'emmental et à la spiruline

Pour 6 personnes

Préparation : 30 min

Cuisson : 40 min

1 pâte brisée

200 g de lard fumé

100 g d'emmental râpé

10 cl de crème fraîche épaisse

50 g de ricotta

3 œufs

2 cuil. à soupe de spiruline

beurre doux pour le moule

quelques brins de ciboulette pour la décoration

sel et poivre du moulin

Notes : ....

....

....

1 **Préchauffez** le four à 200 °C (th. 6-7).

2 **Déroulez** la pâte, puis saupoudrez-la avec la moitié de la spiruline en faisant pénétrer la poudre grâce à un rouleau à pâtisserie.

3 **Beurrez** un moule à tarte. Foncez la pâte dans le moule et piquez-la avec une fourchette. Recouvrez-la d'un papier sulfurisé, puis ajoutez des billes de cuisson. Faites-la précuire pendant 10 minutes, puis ôtez le papier et les billes.

4 **Faites chauffer** une poêle et faites colorer le lard émincé.

5 **Battez** dans un saladier les œufs, la ricotta, la crème, la spiruline restante, puis ajoutez l'emmental. Salez et poivrez.

6 **Déposez** le lard fumé sur le fond de tarte précuit, versez l'appareil crème-œufs, puis enfournez pour 30 minutes. Dégustez la quiche tiède ou froide, parsemée de ciboulette ciselée.

La spiruline contient des protéines, oligo-éléments, vitamines.
Elle s'achète sous forme de poudre.

QUICHE
aux pignons et au basilic

Pour 6 personnes

Préparation : 20 min

Cuisson : 40 min

1 pâte brisée

1 bouquet de basilic frais
+ quelques feuilles
pour la décoration

150 g de pignons
+ quelques-uns
pour la décoration

15 cl de crème fraîche épaisse

50 g de parmesan râpé
+ 20 g pour la décoration

3 œufs

10 cl d'huile d'olive

2 cuil. à soupe de chapelure

beurre doux pour le moule

sel et poivre du moulin

1 **Préchauffez** le four à 200 °C (th. 6-7).

2 **Beurrez** un moule à tarte. Foncez la pâte dans le moule et piquez-la avec une fourchette. Recouvrez la pâte de chapelure.

3 **Lavez** le basilic et ne conservez que les feuilles. Réalisez un pesto en mixant le basilic avec 100 g de pignons et le parmesan, puis ajoutez peu à peu l'huile d'olive.

4 **Battez** dans un saladier les œufs et la crème, puis ajoutez le pesto. Salez et poivrez, puis ajoutez les pignons restants. Versez la préparation sur la chapelure, puis enfournez pour 40 minutes.

5 **Dégustez** la quiche tiède, décorée avec des pignons grillés, du basilic et des copeaux de parmesan.

Notes : ....

....

....

Remplacez la crème fraîche par du lait entier pour plus de légèreté.

QUICHE
au cumin, coppa et comté

Pour 6 personnes
Préparation : 20 min
Cuisson : 40 min

1 pâte brisée
150 g de coppa
150 g de comté râpé
1 cuil. à soupe de graines de cumin
15 cl de crème fraîche épaisse
3 œufs
beurre doux pour le moule
sel et poivre du moulin

Notes : ....

1 **Préchauffez** le four à 200 °C (th. 6-7).

2 **Déroulez** la pâte, puis saupoudrez-la de cumin et faites pénétrer les graines grâce à un rouleau à pâtisserie.

3 **Beurrez** un moule à tarte. Foncez la pâte dans le moule et piquez-la avec une fourchette. Recouvrez-la d'un papier sulfurisé, puis ajoutez des billes de cuisson. Faites-la précuire pendant 10 minutes, puis ôtez le papier et les billes.

4 **Battez** dans un saladier les œufs et la crème, puis ajoutez la coppa coupée en lamelles et le comté. Salez, poivrez et versez sur le fond de tarte.

5 **Enfournez** pour 30 minutes. Dégustez la quiche tiède ou froide.

Si vous n'avez pas de pâte brisée,
vous pouvez utiliser une pâte feuilletée.

QUICHE
à la menthe et aux courgettes

Pour 6 personnes

Préparation : 30 min

Cuisson : 40 min

1 pâte brisée

2 courgettes vertes

2 courgettes jaunes

1 bouquet de menthe fraîche + quelques feuilles pour la décoration

100 g d'emmental râpé

10 cl de crème fraîche épaisse

50 g de ricotta

3 œufs

beurre doux pour le moule

graines de cumin pour la décoration

sel et poivre du moulin

Notes : ....

....

....

1 **Préchauffez** le four à 200 °C (th. 6-7).

2 **Lavez** la menthe et ciselez-la très finement. Réservez quelques feuilles pour la décoration.

3 **Déroulez** la pâte, puis saupoudrez-la de la moitié de la menthe et faites-la pénétrer grâce à un rouleau à pâtisserie.

4 **Beurrez** un moule à tarte. Foncez la pâte dans le moule et piquez-la avec une fourchette. Recouvrez-la d'un papier sulfurisé, puis ajoutez des billes de cuisson. Faites-la précuire pendant 10 minutes, puis ôtez le papier et les billes.

5 **Lavez** et coupez les courgettes en rondelles fines, puis recoupez ces rondelles en deux. Disposez les courgettes sur la pâte.

6 **Battez** dans un saladier les œufs, la ricotta, la crème, puis ajoutez l'emmental et la menthe. Salez, poivrez et versez sur les courgettes. Enfournez pour 30 minutes. Dégustez la quiche tiède ou froide, parsemée de feuilles de menthe et de graines de cumin.

Ajoutez 1 cuillerée à soupe de concentré de tomates pour varier les saveurs.

QUICHE
aux graines de lin et à la tomate-mozzarella

Pour 6 personnes

Préparation : 30 min

Cuisson : 40 min

1 pâte feuilletée

30 g de graines de lin + un peu pour la décoration

2 tomates vertes

2 tomates jaunes

2 tomates rouges

1 boule de mozzarella de cuisine

10 cl de crème fraîche épaisse

50 g de ricotta

3 œufs

1 bouquet d'estragon

beurre pour le moule

sel et poivre du moulin

Notes : ....

1 **Préchauffez** le four à 200 °C (th. 6-7).

2 **Lavez** l'estragon et ciselez-le très finement. Réservez quelques feuilles pour la décoration.

3 **Déroulez** la pâte, puis saupoudrez-la de la moitié de l'estragon et faites-le pénétrer grâce à un rouleau à pâtisserie.

4 **Beurrez** un moule à tarte. Foncez la pâte dans le moule et piquez-la avec une fourchette. Recouvrez-la d'un papier sulfurisé, puis ajoutez des billes de cuisson. Faites-la précuire pendant 10 minutes, puis ôtez le papier et les billes.

5 **Lavez** et coupez les tomates en rondelles fines, puis recoupez ces rondelles en deux. Coupez la mozzarella en dés. Disposez les tomates sur la pâte.

6 **Battez** dans un saladier les œufs, la ricotta, la crème, puis ajoutez les dés de mozzarella et les graines de lin écrasées. Salez, poivrez et versez la préparation sur les tomates. Enfournez pour 30 minutes. Dégustez la quiche tiède ou froide, parsemée de feuilles d'estragon et de graines de lin.

Les graines de lin sont particulièrement riches en acides gras oméga-3.
Ils agissent notamment sur le système immunitaire, la régulation de la tension,
et favorisent la baisse du cholestérol et des triglycérides.

QUICHE
au thon et au basilic citron

Pour 6 personnes

Préparation : 20 min

Cuisson : 40 min

1 pâte feuilletée

1 bouquet de basilic citron

1 boîte de 200 g de thon

15 cl de crème fraîche épaisse

3 œufs

1 citron jaune

beurre doux pour le moule

sel et poivre du moulin

1 **Préchauffez** le four à 200 °C (th. 6-7).

2 **Lavez** le basilic citron et ciselez-le très finement. Réservez quelques feuilles pour la décoration.

3 **Beurrez** un moule à tarte. Foncez la pâte dans le moule et piquez-la avec une fourchette. Recouvrez-la d'un papier sulfurisé, puis ajoutez des billes de cuisson. Faites-la précuire pendant 10 minutes, puis ôtez le papier et les billes.

4 **Égouttez** le thon. Prélevez les zestes du citron.

5 **Battez** dans un saladier les œufs, la crème, puis ajoutez le thon émietté, le basilic citron et les trois quarts des zestes du citron. Salez, poivrez et versez la préparation sur la tarte. Enfournez pour 30 minutes. Dégustez la quiche tiède ou froide, parsemée de feuilles de basilic et de zestes de citron.

Notes : ....

....

....

Pour une saveur plus relevée,
ajoutez 2 cuillerées à soupe
de moutarde forte
à la préparation crème-œufs.

QUICHES
sans pâte jambon-gruyère

Pour 6 personnes

Préparation : 30 min

Cuisson : 15 min

2 tranches de jambon

2 tranches de poitrine fumée

100 g de farine blanche

100 g de gruyère râpé

50 cl de lait

20 cl de crème fraîche épaisse

3 œufs

1 cuil. à café de muscade moulue

quelques brins de ciboulette pour la décoration

beurre doux pour les moules

sel et poivre du moulin

1 **Préchauffez** le four à 200 °C (th. 6-7).

2 **Versez** dans un saladier les œufs, la farine et le lait et mélangez bien. Ajoutez la crème et le fromage râpé.

3 **Coupez** le jambon et la poitrine en lamelles, puis ajoutez-les au mélange précédent. Salez, poivrez et saupoudrez la noix de muscade. Versez la préparation dans 6 moules à tartelette beurrés.

4 **Enfournez** pour 15 minutes. Dégustez les quiches tièdes ou froides, parsemées de ciboulette ciselée.

Une recette rapide et délicieuse
que l'on peut agrémenter
selon les envies du moment.

QUICHE
au chorizo et au piment

Pour 6 personnes
Préparation : 20 min
Cuisson : 30 min

1 pâte brisée
1 chorizo doux
1 piment végétarien
80 g de comté râpé
3 œufs
15 cl de crème fraîche épaisse
beurre doux pour le moule
sel et poivre du moulin

1 **Préchauffez** le four à 200 °C (th. 6-7).

2 **Beurrez** un moule à tarte. Foncez la pâte dans le moule et piquez-la avec une fourchette.

3 **Battez** dans un saladier les œufs, la crème et le fromage râpé.

4 **Tranchez** le chorizo en rondelles. Lavez et émincez le piment. Mélangez l'appareil œufs-crème au chorizo et au piment. Salez, poivrez et versez la préparation sur la pâte.

5 **Enfournez** pour 30 minutes. Dégustez la quiche tiède ou froide.

Notes : ....

....

....

Le piment végétarien est doux, sa forme est allongée, on le trouve dans les boutiques antillaises.

QUICHE
au crabe et au basilic

Pour 6 personnes

Préparation : 20 min

Cuisson : 30 min

1 pâte brisée

1 bouquet de basilic frais

15 tomates cerises

1 boîte de 100 g de crabe

80 g de comté râpé

15 cl de crème fraîche épaisse

3 œufs

beurre doux pour le moule

sel et poivre du moulin

1 **Préchauffez** le four à 200 °C (th. 6-7).

2 **Beurrez** un moule à tarte. Foncez la pâte dans le moule et piquez-la avec une fourchette.

3 **Lavez** les tomates cerises et le basilic. Réservez quelques feuilles pour la décoration. Égouttez le crabe.

4 **Battez** dans un saladier les œufs, la crème et le fromage râpé. Ajoutez le crabe et le basilic ciselé. Salez et poivrez. Versez la préparation sur la pâte et ajoutez les tomates cerises entières.

5 **Enfournez** pour 30 minutes. Dégustez la quiche tiède ou froide, décorée de feuilles de basilic.

Notes :

Ajoutez sur le fond de tarte 2 cuillerées à soupe de chapelure pour qu'il reste bien sec à la cuisson.

QUICHE normande aux pommes et au camembert

Pour 6 personnes

Préparation : 20 min

Cuisson : 30 min

1 pâte brisée

3 pommes pink lady

½ camembert

3 œufs

15 cl de crème fraîche épaisse

1 cuil. à soupe de mélisse séchée

beurre doux pour le moule

sel et poivre du moulin

Notes : ......

1 **Préchauffez** le four à 200 °C (th. 6-7).

2 **Beurrez** un moule à tarte. Foncez la pâte dans le moule et piquez-la avec une fourchette.

3 **Lavez** les pommes, pelez-les et coupez-les en dés.

4 **Battez** dans un saladier les œufs, la crème et la mélisse. Salez, poivrez et versez la préparation sur la pâte. Ajoutez les dés de pomme.

5 **Coupez** le camembert en lamelles et insérez-les entre les quartiers de pomme.

6 **Enfournez** pour 30 minutes. Dégustez la quiche tiède ou froide.

Réalisez cette recette sucrée salée
en remplaçant les pommes par des poires
et le camembert par du roquefort.

QUICHE au poulet au curry et tofu soyeux

Pour 6 personnes

Préparation : 30 min

Cuisson : 40 min

1 pâte brisée

200 g de filet de poulet

200 g de tofu soyeux

6 pointes d'asperges vertes fraîches (ou en conserve)

20 cl de crème de soja

150 g de comté râpé

3 œufs

1 cuil. à soupe de curry

3 branches de thym frais

1 filet d'huile d'olive

beurre doux pour le moule

sel et poivre du moulin

1 **Préchauffez** le four à 200 °C (th. 6-7).

2 **Beurrez** un moule à tarte. Foncez la pâte dans le moule et piquez-la avec une fourchette. Recouvrez-la d'un papier sulfurisé, puis ajoutez des billes de cuisson. Faites-la précuire pendant 10 minutes, puis ôtez le papier et les billes.

3 **Faites cuire** dans une casserole d'eau bouillante salée pendant 4 à 5 minutes les asperges, si elles sont fraîches. Égouttez-les. Coupez le poulet en dés.

4 **Huilez** une poêle et faites dorer le poulet avec le curry pendant 3 minutes sur feu vif.

5 **Battez** dans un saladier les œufs, la crème de soja, le tofu et le fromage. Mettez les dés de poulet au curry sur le fond de tarte, puis versez l'appareil crème-œufs. Disposez sur le dessus les pointes d'asperge. Salez et poivrez.

6 **Enfournez** pour 30 minutes. Dégustez la quiche tiède ou froide, décorée avec les branches de thym.

Notes : ....

Remplacez la crème de soja par de la crème d'amandes.

QUICHES
au curcuma et aux champignons

Pour 6 personnes
Préparation : 30 min
Cuisson : 30 min

1 pâte brisée
150 g de coppa
150 g de champignons de Paris
150 g de comté râpé
15 cl de crème fraîche épaisse
3 œufs
1 cuil. à soupe de curcuma + 1 pincée
beurre doux pour les moules
sel et poivre du moulin

Notes : ....

1 **Préchauffez** le four à 200 °C (th. 6-7).

2 **Déroulez** la pâte, puis saupoudrez-la de curcuma et faites-le pénétrer grâce à un rouleau à pâtisserie.

3 **Beurrez** 6 moules à tartelette. Foncez la pâte dans les moules et piquez-la avec une fourchette. Recouvrez-la d'un papier sulfurisé, puis ajoutez des billes de cuisson. Faites-la précuire pendant 10 minutes, puis ôtez le papier et les billes.

4 **Coupez** la coppa en lamelles. Lavez et coupez les champignons en tranches.

5 **Battez** dans un saladier les œufs, la crème, le fromage, les lamelles de coppa et la pincée de curcuma. Salez et poivrez.

6 **Versez** la préparation sur les fonds de pâte, puis disposez les champignons par-dessus. Enfournez pour 20 minutes. Dégustez les quiches tièdes ou froides.

Remplacez la pâte brisée
par des feuilles de pâte filo
pour une quiche croustillante.

QUICHE *printanière*

Pour 6 personnes

Préparation : 30 min

Cuisson : 40 min

1 pâte brisée

6 asperges vertes

1 tête de brocoli

2 oignons nouveaux avec les tiges

50 g de petits pois surgelés

150 g de comté râpé

15 cl de crème fraîche épaisse

3 œufs

1 botte de ciboulette

beurre doux pour le moule

sel et poivre du moulin

Notes :

1 **Préchauffez** le four à 200 °C (th. 6-7).

2 **Lavez** et coupez les légumes. Lavez et ciselez la ciboulette.

3 **Beurrez** un moule à tarte. Foncez la pâte dans le moule et piquez-la avec une fourchette. Recouvrez-la d'un papier sulfurisé, puis ajoutez des billes de cuisson. Faites-la précuire pendant 10 minutes, puis ôtez le papier et les billes.

4 **Mettez** à blanchir dans une casserole d'eau bouillante salée les légumes, sauf les oignons, pendant 5 minutes. Coupez finement les oignons et les tiges en tranches.

5 **Battez** dans un saladier les œufs, la crème, le fromage râpé et la ciboulette. Salez et poivrez. Versez la préparation sur la pâte, puis disposez les légumes.

6 **Enfournez** pour 30 minutes. Dégustez la quiche tiède ou froide.

Utilisez du chèvre râpé à la place du comté.

QUICHE
aux pommes et au raisin

Pour 6 personnes

Préparation : 20 min

Cuisson : 30 min

1 pâte feuilletée

3 pommes pink lady

50 g de raisins blancs

100 g de sucre vanillé

15 cl de crème fraîche épaisse

3 œufs

beurre doux pour le moule

Notes : ....

1 **Préchauffez** le four à 200 °C (th. 6-7).

2 **Beurrez** un moule à tarte. Foncez la pâte dans le moule et piquez-la avec une fourchette.

3 **Lavez** le raisin. Lavez les pommes, pelez-les et coupez-les en quartiers.

4 **Battez** dans un saladier les œufs, la crème et le sucre. Versez la préparation sur la pâte, puis ajoutez les quartiers de pomme et les grains de raisin.

5 **Enfournez** pour 30 minutes. Dégustez la quiche tiède ou froide.

QUICHE aux nashis dorés et aux amandes

Pour 6 personnes

Préparation : 20 min

Cuisson : 30 min

1 pâte feuilletée

4 nashis dorés

200 g de poudre d'amandes

30 g d'amandes effilées

100 g de sucre roux en poudre

15 cl de crème fraîche épaisse

3 œufs

40 g de beurre mou
+ un peu pour le moule

Notes : ....

1 **Préchauffez** le four à 200 °C (th. 6-7).

2 **Beurrez** un moule à tarte et foncez la pâte dans le moule.

3 **Lavez** les nashis, pelez-les et coupez-les en tranches pas trop fines.

4 **Mélangez** le beurre mou et le sucre énergiquement. Battez dans un saladier les œufs, la crème, la poudre d'amandes et le mélange beurre-sucre.

5 **Versez** la préparation sur la pâte, puis ajoutez les nashis et saupoudrez d'amandes effilées.

6 **Enfournez** pour 30 minutes. Dégustez la quiche tiède ou froide.

Le nashi a l'aspect d'une pomme mais son goût s'apparente à celui de la poire. D'ailleurs, « nashi » signifie poire en japonais. On l'appelle aussi pomme-poire, poire japonaise, poire cristal ou encore poire des sables. Il se trouve chez les primeurs en septembre.

QUICHE
aux clémentines et à l'estragon

Pour 6 personnes

Préparation : 20 min

Cuisson : 40 min

1 pâte feuilletée

4 clémentines

100 g de sucre vanillé

15 cl de crème fraîche épaisse

3 œufs

1 bouquet d'estragon

beurre doux pour le moule

1 **Préchauffez** le four à 200 °C (th. 6-7).

2 **Beurrez** un moule à charnière. Foncez la pâte dans le moule et piquez-la avec une fourchette.

3 **Lavez** et ciselez l'estragon très finement (gardez quelques feuilles entières pour la décoration). Pelez les clémentines et coupez-les en rondelles.

4 **Battez** dans un saladier les œufs, la crème, le sucre et ajoutez l'estragon. Versez la préparation sur la pâte, puis déposez harmonieusement les rondelles de clémentines sur le dessus.

5 **Enfournez** pour 40 minutes. Dégustez la quiche tiède ou froide, parsemée de feuilles d'estragon.

Notes : ....

....

....

En été, réalisez cette même recette
en mettant des abricots à la place des clémentines.

QUICHE
aux mirabelles et à la fleur d'oranger

Pour 6 personnes

Préparation 20 min

Cuisson : 45 min

1 pâte feuilletée

300 g de mirabelles

100 g de sucre vanillé

10 cl de crème fraîche épaisse

10 cl de lait

3 œufs

2 cuil. à soupe de fleur d'oranger

beurre doux pour le moule

Notes : ....

....

....

1 **Préchauffez** le four à 200 °C (th. 6-7).

2 **Beurrez** un moule à tarte. Foncez la pâte dans le moule et piquez-la avec une fourchette.

3 **Lavez** les mirabelles et dénoyautez-les.

4 **Faites chauffer** le lait et ajoutez la fleur d'oranger hors de feu.

5 **Battez** dans un saladier les œufs, la crème, le sucre et le lait à la fleur d'oranger. Versez la préparation sur la pâte, puis ajoutez les mirabelles dénoyautées.

6 **Enfournez** pour 40 minutes. Dégustez la quiche tiède ou froide.

Saupoudrez le moule de sucre en poudre pour que la pâte caramélise lors de la cuisson.

QUICHE
aux myrtilles et à la verveine

Pour 6 personnes

Préparation : 20 min

Cuisson : 45 min

Repos : 10 min

1 pâte feuilletée

300 g de myrtilles

100 g de cassonade

10 cl de crème fraîche épaisse

10 cl de lait de coco

3 œufs

2 cuil. à soupe de verveine

cassonade pour la décoration

quelques feuilles de menthe pour la décoration (facultatif)

beurre doux pour le moule

Notes : ....

....

....

1 **Préchauffez** le four à 200 °C (th. 6-7).

2 **Beurrez** un moule à tarte. Foncez la pâte dans le moule et piquez-la avec une fourchette.

3 **Lavez** les myrtilles.

4 **Faites** bouillir dans une casserole le lait de coco et faites infuser pendant 10 minutes la verveine. Passez ensuite le lait au chinois.

5 **Battez** dans un saladier les œufs, la crème, le sucre et le lait infusé à la verveine. Versez la préparation sur la pâte, puis ajoutez les myrtilles.

6 **Enfournez** pour 40 minutes. Dégustez la quiche tiède ou froide, parsemée de cassonade et décorée éventuellement de feuilles de menthe.

Pour une version aux fruits des bois, ajoutez des framboises, des mûres et des groseilles.

QUICHE
au mascarpone et aux spéculoos

Pour 6 personnes

Préparation : 20 min

Cuisson : 30 min

1 pâte feuilletée

150 g de spéculoos + des miettes

100 g de sucre vanillé

200 g de mascarpone

3 œufs

beurre doux pour le moule

Notes : ....

....

....

1 **Préchauffez** le four à 200 °C (th. 6-7).

2 **Beurrez** un moule à tarte. Foncez la pâte dans le moule et piquez-la avec une fourchette.

3 **Écrasez** grossièrement les spéculoos.

4 **Battez** dans un saladier les œufs, le mascarpone, le sucre, puis ajoutez les spéculoos émiettés. Versez la préparation sur la pâte.

5 **Repliez** les rebords de l'excès de pâte vers l'intérieur pour former une fleur et saupoudrez de poudre de spéculoos.

6 **Enfournez** pour 30 minutes, puis dégustez la quiche froide.

Pour une version ultragourmande, ajoutez des éclats de caramel dans la préparation.

QUICHES
crèmes brûlées

Pour 6 personnes

Préparation : 30 min

Cuisson : 35-40 min

1 pâte feuilletée

4 jaunes d'œufs

20 cl de crème liquide

20 cl de lait entier

1 gousse de vanille

60 g de sucre en poudre

50 g de cassonade

beurre doux pour les moules

Notes : ......

1 **Préchauffez** le four à 200 °C (th. 6-7).

2 **Beurrez** 6 moules à tartelette. Foncez la pâte dans les moules et piquez-la avec une fourchette. Recouvrez-la d'un papier sulfurisé et ajoutez des billes de cuisson. Faites-la précuire pendant 10 minutes, puis ôtez le papier et les billes.

3 **Ouvrez** en deux la gousse de vanille et grattez-la pour récupérer les graines. Faites chauffer dans une casserole le lait et la crème avec la gousse de vanille et les graines jusqu'à ébullition.

4 **Battez** dans un saladier les œufs et le sucre jusqu'à ce que le mélange blanchisse. Ajoutez ensuite le lait chaud et mélangez. Versez la préparation sur les fonds de tarte et enfournez pour 20 à 25 minutes à 100 °C (th. 3-4).

5 **Saupoudrez** de cassonade au moment de servir et caramélisez avec un chalumeau.

Ajoutez un zeste d'orange pour parfumer la crème.

QUICHE au fromage blanc et aux graines de chia

Pour 6 personnes

Préparation : 20 min

Cuisson : 50 min

1 pâte brisée

1 kg de fromage blanc à 40 % de MG

2 cuil. à soupe de graines de chia

70 g de farine

170 g de sucre en poudre

2 cuil. à soupe de sucre glace

1 sachet de sucre vanillé

10 cl de crème fraîche liquide

5 œufs

beurre doux pour le moule

1 pincée de sel

1 **Préchauffez** le four à 200 °C (th. 6-7).

2 **Beurrez** un moule à manqué. Foncez la pâte dans le moule et piquez-la avec une fourchette. Séparez les blancs des jaunes.

3 **Mélangez** dans un saladier le fromage blanc, la crème, la farine, 100 g de sucre en poudre et le sucre vanillé. Incorporez les jaunes d'œufs, puis ajoutez les graines de chia.

4 **Montez** dans un autre saladier avec un batteur électrique les blancs en neige en ajoutant le sel. Lorsqu'ils sont en neige, ajoutez le sucre en poudre restant et continuez à fouetter quelques secondes.

5 **Ajoutez** en plusieurs fois les blancs au mélange précédent en les incorporant sans les casser. Pour cela, utilisez une maryse (spatule plate) et remuez de bas en haut. Versez ce mélange sur la pâte.

6 **Enfournez** pour 50 minutes. À la sortie du four, laissez retomber la tarte au fromage blanc et retournez-la sur une grille jusqu'à refroidissement. Une fois froide, retournez-la et saupoudrez-la de sucre glace.

Notes : ______________________

____

____

En procédant à ce refroidissement la tête en bas, la pâte restera craquante.

QUICHE
comme un flan

Pour 6 personnes

Préparation : 20 min

Cuisson : 50 min

1 pâte feuilletée

150 g de sucre en poudre

100 g de Maïzena®

1 l de lait entier

3 œufs

1 gousse de vanille

3 cuil. à café de vanille liquide

beurre doux pour le moule

1 **Préchauffez** le four à 200 °C (th. 6-7).

2 **Beurrez** un moule à tarte. Foncez la pâte dans le moule et piquez-la avec une fourchette.

3 **Battez** dans un saladier les œufs et la Maïzena® énergiquement, puis ajoutez 25 cl de lait froid.

4 **Faites bouillir** dans une casserole le lait restant avec la gousse de vanille coupée en deux et grattée. Ajoutez le sucre en poudre et la vanille liquide.

5 **Versez** ensuite le lait bouillant sur le mélange œufs-Maïzena® et remettez sur le feu pendant 6 à 7 minutes, en faisant chauffer tout doucement, sans cesser de remuer, jusqu'à ce que la préparation épaississe.

6 **Enfournez** pour 40 minutes, puis dégustez la quiche froide.

Notes : ....

....

....

Aromatisez le flan avec du chocolat en poudre.

QUICHE
au miel et aux noix

Pour 6 personnes
Préparation : 20 min
Cuisson : 30 min

1 pâte feuilletée
100 g de cerneaux de noix
100 g de miel liquide
20 cl de crème fraîche épaisse
3 œufs
3 cuil. à soupe de pavot
beurre doux pour le moule

Notes : ....

1 **Préchauffez** le four à 200 °C (th. 6-7).

2 **Beurrez** un moule à tarte. Foncez la pâte dans le moule et piquez-la avec une fourchette.

3 **Écrasez** grossièrement les noix.

4 **Battez** dans un saladier les œufs, la crème, le miel et le pavot, puis ajoutez les noix concassées. Versez la préparation sur la pâte.

5 **Enfournez** pour 30 minutes, puis dégustez la quiche froide.

Lorsque c'est la saison, ajoutez des framboises pour apporter de la fraîcheur.

QUICHES
à la grenade et au sirop d'érable

Pour 6 personnes

Préparation : 20 min

Cuisson : 30 min

1 pâte feuilletée

1 grenade

3 cuil. à soupe de sirop d'érable

50 g de sucre vanillé

15 cl de crème fraîche épaisse

3 œufs

1 bouquet de menthe fraîche

beurre doux pour les moules

Notes :

1 **Préchauffez** le four à 200 °C (th. 6-7).

2 **Beurrez** 6 moules à tartelette. Foncez la pâte dans les moules et piquez-la avec une fourchette.

3 **Ouvrez** la grenade en deux et prélevez la pulpe. Lavez la menthe et ciselez finement une quinzaine de feuilles.

4 **Battez** dans un saladier les œufs, la crème, le sucre et le sirop d'érable. Versez cette préparation sur la pâte. Ajoutez la pulpe de grenade et la menthe ciselée.

5 **Enfournez** pour 30 minutes. Dégustez les quiches froides ou tièdes, décorées avec la menthe fraîche restante.

Préparez ces quiches dans un grand moule à tarte. Augmentez alors le temps de cuisson de 15 minutes.

QUICHE
mangue-fruits de la Passion et amandes

Pour 6 personnes

Préparation : 20 min

Cuisson : 30 min

1 pâte feuilletée

1 mangue

3 fruits de la Passion

100 g de sucre vanillé

50 g d'amandes effilées
+ un peu pour la décoration

15 cl de crème fraîche épaisse

3 œufs

1 bouquet de menthe fraîche

beurre doux pour le moule

1 **Préchauffez** le four à 200 °C (th. 6-7).

2 **Beurrez** un moule à tarte. Foncez la pâte dans le moule et piquez-la avec une fourchette.

3 **Ouvrez** les fruits de la Passion en deux et prélevez la pulpe. Pelez la mangue et détaillez-la en dés. Lavez la menthe et ciselez finement une quinzaine de feuilles.

4 **Battez** dans un saladier les œufs, la crème, le sucre et les amandes. Versez la préparation sur la pâte. Ajoutez la pulpe de fruits de la Passion, les dés de mangue et la menthe ciselée.

5 **Enfournez** pour 30 minutes. Dégustez la quiche froide ou tiède, décorée avec la menthe fraîche restante et des amandes effilées.

Notes : ....

QUICHE
à l'ananas et à la verveine

Pour 6 personnes
Préparation : 20 min
Cuisson : 35 min
Repos : 5 min

1 pâte feuilletée
1 boîte d'ananas au sirop
2 cuil. à soupe de verveine séchée
1 branche de verveine fraîche
100 g de sucre vanillé
15 cl de crème fraîche épaisse
10 cl de lait
3 œufs
beurre doux pour le moule

Notes : ....

....

....

1 **Préchauffez** le four à 200 °C (th. 6-7).

2 **Beurrez** un moule à tarte. Foncez la pâte dans le moule et piquez-la avec une fourchette.

3 **Détaillez** l'ananas en morceaux.

4 **Faites chauffer** dans une casserole le lait et laissez infuser la verveine pendant 5 minutes. Passez le lait au chinois.

5 **Battez** dans un saladier les œufs, la crème, le lait infusé et le sucre. Versez cette préparation sur la pâte et ajoutez l'ananas.

6 **Enfournez** pour 30 minutes. Dégustez la quiche froide ou tiède, décorée avec la branche de verveine.

QUICHE
à la rose et aux lychees

Pour 6 personnes

Préparation : 20 min

Cuisson : 30 min

1 pâte feuilletée

150 g de lychees

3 cuil. à soupe d'eau de rose

100 g de sucre vanillé

15 cl de crème fraîche épaisse

3 œufs

quelques roses séchées pour la décoration

beurre doux pour le moule

1 **Préchauffez** le four à 200 °C (th. 6-7).

2 **Beurrez** un moule à tarte. Foncez la pâte dans le moule et piquez-la avec une fourchette.

3 **Pelez** les lychees s'ils sont frais et dénoyautez-les. S'ils sont au sirop, égouttez-les.

4 **Battez** dans un saladier les œufs, la crème, le sucre et l'eau de rose. Versez cette préparation sur la pâte et ajoutez les lychees.

5 **Enfournez** pour 30 minutes. Dégustez la quiche froide ou tiède, décorée avec des roses séchées.

Notes : ....

....

....

QUICHE
à la ricotta et aux mûres

Pour 6 personnes

Préparation : 20 min

Cuisson : 40 min

- 1 pâte brisée
- 250 g de ricotta
- 200 g de mûres
- 50 g de groseilles
- 100 g de sucre vanillé
- 1 cuil. à soupe de Maïzena®
- 4 œufs
- 1 branche de verveine fraîche
- beurre doux pour le moule

Notes : ....

1 **Préchauffez** le four à 200 °C (th. 6-7).

2 **Beurrez** un moule à tarte. Foncez la pâte dans le moule et piquez-la avec une fourchette.

3 **Lavez** les mûres et les groseilles. Battez dans un saladier la ricotta et le sucre. Ajoutez la Maïzena® et les œufs. Mélangez. Versez cette préparation sur la pâte, puis ajoutez les mûres et les groseilles.

4 **Enfournez** pour 30 minutes. Dégustez la quiche froide ou tiède, décorée avec la verveine fraîche.

Pour un dessert très différent en un tournemain, remplacez les fruits par des zestes de citron.

TARTE SOLEIL
au poulet et à la bisque

Pour 6 personnes

Préparation : 20 min

Cuisson : 30 min

2 pâtes feuilletées

6 tranches de jambon de poulet fumé

100 g de bisque de homard

80 g de comté râpé

1 bouquet de thym frais

1 cuil. à soupe de sésame

1 jaune d'œuf

sel et poivre du moulin

Notes : ....

....

....

1 **Préchauffez** le four à 200 °C (th. 6-7).

2 **Déroulez** 1 pâte feuilletée sur une plaque à pâtisserie recouverte de papier sulfurisé. Coupez le jambon en lamelles. Nappez la pâte de la bisque de homard, puis parsemez de lamelles de jambon et recouvrez de comté râpé. Salez et poivrez.

3 **Placez** le disque de pâte restant par-dessus et soudez bien les bords pour que la garniture ne coule pas à la cuisson.

4 **Posez** un petit verre au centre de la tarte et découpez à l'aide d'un couteau pointu la pâte en rayons en partant du centre. Torsadez ensuite chaque rayon sur lui-même.

5 **Badigeonnez** la pâte avec le jaune d'œuf à l'aide d'un pinceau, puis parsemez de sésame.

6 **Enfournez** pour 30 minutes. Parsemez de thym frais et dégustez la tarte chaude ou tiède.

Transformez ce soleil en délice sucré en mettant entre les 2 pâtes du chocolat fondu et des amandes effilées à la place des ingrédients salés.

TARTELETTES
aux asperges, jambon cru et amandes

Pour 6 personnes

Préparation : 20 min

Cuisson : 40-50 min

6 carrés de pâte feuilletée

500 g d'asperges fraîches ou surgelées vertes ou blanches

4 tranches de jambon de pays

50 g d'amandes effilées + un peu pour la décoration

5 cl de crème liquide

2 œufs

2 cuil. à soupe de moutarde à l'ancienne

1 bouquet de thym frais + un peu pour la décoration

1 feuille de laurier

fleur de sel

poivre du moulin

Notes :

1 **Préchauffez** le four à 200 °C (th. 6-7).

2 **Posez** les carrés de pâte feuilletée sur une plaque à pâtisserie recouverte de papier sulfurisé et piquez-les avec une fourchette.

3 **Lavez** les asperges et pelez-les si elles sont fraîches. Faites cuire dans une casserole d'eau bouillante salée avec une feuille de laurier les asperges blanches 25 minutes ou les asperges vertes 15 minutes.

4 **Battez** dans un bol les œufs, la crème et la moutarde. Salez et poivrez. Étalez cette préparation sur la pâte.

5 **Égouttez** les asperges et disposez-les sur la pâte. Ajoutez le jambon coupé en lamelles. Parsemez d'amandes effilées et de thym frais.

6 **Enfournez** pour 25 minutes. Décorez avec du thym et des amandes effilées et dégustez la tarte chaude ou tiède.

Les asperges vertes sont moins onéreuses
que les blanches, mais aussi moins savoureuses.

TARTE FROIDE
à la tomate-mozzarella

Pour 4 personnes

Préparation : 20 min

Cuisson : 15 min

3 feuilles de brick

6 tomates anciennes de plusieurs couleurs

1 boule de bufala

2 branches de basilic frais

1 cuil. à soupe de crème de balsamique

4 cuil. à soupe d'huile d'olive

sel et poivre du moulin

Notes :

1 **Préchauffez** le four à 180 °C (th. 6).

2 **Badigeonnez** à l'aide d'un pinceau les feuilles de brick avec 2 cuillerées à soupe d'huile. Faites cuire au four les feuilles de brick superposées pendant 15 minutes.

3 **Lavez** et coupez les tomates en fines rondelles. Disposez-les ainsi que le basilic sur les feuilles de brick dorées.

4 **Parsemez** de morceaux de bufala. Assaisonnez d'huile d'olive et de crème de balsamique. Salez, poivrez et dégustez de suite.

Vous pouvez ajouter de la roquette.

TARTELETTES
à la grecque

Pour 4 personnes

Préparation : 10 min

4 galettes de riz soufflé

1 concombre

150 g de tzatziki

80 g de feta

1 cuil. à café de piment d'Espelette

1 bouquet de ciboulette

sel et poivre du moulin

Notes :

1 **Étalez** sur chaque galette de riz 2 cuillerées à soupe de tzatziki.

2 **Lavez** et coupez le concombre en lamelles très fines. Disposez les lamelles de concombre sur chaque galette.

3 **Parsemez** de feta émiettée. Saupoudrez de piment d'Espelette. Salez et poivrez.

4 **Lavez** et ciselez la ciboulette et parsemez-en les tartelettes. Dégustez immédiatement.

Utilisez la galette de riz soufflé comme support pour d'autres tartelettes crues minute, avec par exemple du caviar d'aubergines et des tomates.

TARTE *aux trois oignons sur feuilles de brick*

Pour 4 personnes

Préparation : 20 min

Cuisson : 40 min

3 feuilles de brick

1 oignon jaune doux

1 oignon blanc

1 oignon rouge

50 g de gorgonzola

1 tranche de jambon de pays

10 g de beurre fondu

2 cuil. à soupe d'huile d'olive

sel et poivre du moulin

Notes :

1 **Pelez** les oignons et émincez-les finement. Faites chauffer une poêle avec l'huile et laissez revenir les oignons pendant 10 minutes sur feu doux.

2 **Préchauffez** le four à 180 °C (th.6). Badigeonnez les feuilles de brick de beurre fondu à l'aide d'un pinceau et superposez-les dans un moule à tarte ou à manqué.

3 **Disposez** les oignons sur les feuilles de brick. Posez dessus le gorgonzola et le jambon de pays coupés en morceaux. Salez et poivrez.

4 **Enfournez** pour 30 minutes, puis dégustez la tarte chaude.

Faites attention au démoulage
car les feuilles de brick sont fragiles.

TARTELETTES *ratatouille*

Pour 4 personnes

Préparation : 20 min

Cuisson : 30 min

1 pâte brisée

150 g de caviar de tomates

4 mini-courgettes

2 mini-aubergines

1 mini-poivron jaune

1 mini-poivron rouge

½ oignon rouge

2 cuil. à soupe d'huile d'olive

beurre doux pour les moules

sel et poivre du moulin

Notes : ....

....

....

1 **Préchauffez** le four à 200 °C (th. 6-7).

2 **Lavez** et tranchez en fines rondelles les légumes.

3 **Beurrez** 4 moules à tartelettes. Découpez dans la pâte à l'aide d'un emporte-pièce quatre cercles de diamètre supérieur à celui des moules. Foncez la pâte dans chaque moule, puis piquez-la à l'aide d'une fourchette.

4 **Déposez** 1 cuillerée à soupe de caviar de tomates dans chaque moule. Déposez des rondelles de légumes par-dessus. Arrosez chaque tartelette d'un filet d'huile d'olive. Salez et poivrez.

5 **Enfournez** pour 30 minutes, puis dégustez les tartelettes chaudes ou tièdes.

Pour avoir de jolies tartelettes,
appuyez bien la pâte
sur l'empreinte du moule.

TARTE TRESSÉE
aux pommes de terre

Pour 6 personnes

Préparation : 30 min

Cuisson : 30 min

1 pâte feuilletée ou brisée

8 pommes de terre
à chair ferme

50 g d'emmental râpé

5 cl de crème liquide

1 jaune d'œuf

2 feuilles de laurier

2 cuil. à café de paprika

gros sel

sel et poivre du moulin

Notes :

1 **Préchauffez** le four à 200 °C (th. 6-7).

2 **Lavez** et pelez les pommes de terre, puis coupez-les en rondelles très fines.

3 **Faites précuire** dans une casserole d'eau bouillante les pommes de terre avec du gros sel et le laurier pendant 15 minutes.

4 **Étalez** la pâte sur une plaque à pâtisserie recouverte de papier sulfurisé et saupoudrez-la de 1 cuillerée à soupe de paprika. Faites-le pénétrer à l'aide d'un rouleau à pâtisserie et allongez la pâte pour obtenir un ovale. Prédécoupez-la en trois dans le sens de la hauteur sans la couper vraiment. Coupez les deux côtés extérieurs en lamelles horizontales.

5 **Disposez** les pommes de terre égouttées sur la partie centrale de la pâte. Arrosez de crème liquide, parsemez d'emmental et saupoudrez du paprika restant. Salez et poivrez. Refermez les lamelles en formant une tresse. Dorez la pâte au jaune d'œuf à l'aide d'un pinceau.

6 **Enfournez** pour 30 minutes, puis dégustez la tarte chaude ou tiède.

Variez les épices pour aromatiser la pâte.

TARTE TATIN
aux tomates multicolores

Pour 6 personnes

Préparation : 20 min

Cuisson : 1 h

1 pâte feuilletée

6 tomates jaunes, vertes et rouges

20 g de beurre doux

3 cuil. à soupe de vinaigre balsamique

2 cuil. à soupe de sucre roux en poudre

2 cuil. à soupe d'huile d'olive

3 branches de basilic

sel et poivre du moulin

Notes : ....

1 **Préchauffez** le four à 200 °C (th. 6-7).

2 **Lavez** et coupez les tomates en deux dans l'épaisseur.

3 **Faites chauffer** le beurre et l'huile dans une poêle, puis déposez les tomates côté coupé vers le haut. Salez, poivrez et laissez cuire à feu vif pendant 5 minutes. Incorporez le vinaigre et le sucre, puis baissez le feu et laissez mijoter pendant 15 minutes en remuant régulièrement.

4 **Déposez** les tomates et le jus de la poêle dans un moule à manqué. Déroulez la pâte feuilletée sur le plan de travail et piquez-la à l'aide d'une fourchette, puis recouvrez-en les tomates en rabattant la pâte à l'intérieur du moule.

5 **Baissez** le four à 180 °C (th. 6), enfournez la tarte et laissez cuire pendant 40 minutes. Démoulez quand la tarte est chaude, décorez-la avec les feuilles de basilic et dégustez-la chaude ou tiède.

Accompagnez la tatin de copeaux de parmesan et d'une salade de cresson.

TARTE
aux courgettes et au chèvre

Pour 6 personnes

Préparation : 20 min

Cuisson : 40 min

1 pâte feuilletée

2 courgettes jaunes

2 courgettes vertes

50 g de chèvre bûche

2 cuil. à soupe de miel

2 cuil. à café d'origan

beurre doux pour le moule

sel et poivre du moulin

Notes :

1 **Préchauffez** le four à 200 °C (th. 6-7). Lavez et coupez les courgettes en rondelles.

2 **Beurrez** un moule à tarte. Étalez la pâte et saupoudrez-la de 1 cuillerée à café d'origan. Faites-le pénétrer dans la pâte grâce à un rouleau à pâtisserie. Foncez la pâte dans le moule.

3 **Déposez** les rondelles de courgette en alternant les couleurs. Salez et poivrez, puis saupoudrez de chèvre émietté et arrosez de miel. Saupoudrez le reste d'origan.

4 **Enfournez** pour 40 minutes, puis dégustez la tarte chaude ou tiède.

Variez les herbes pour parfumer la tarte.
Pourquoi pas du thym la prochaine fois ?

TARTE TATIN
au fenouil et à l'orange

Pour 6 personnes

Préparation : 20 min

Cuisson : 50 min

1 pâte feuilletée ou brisée

3 bulbes de fenouil

le jus de 1 orange

30 g de parmesan

2 cuil. à soupe de sucre roux en poudre

3 cuil. à soupe de vinaigre balsamique

2 cuil. à soupe d'huile d'olive

40 g de beurre doux

2 cuil. à café de graines de fenouil

sel et poivre du moulin

Notes : ....

1 **Préchauffez** le four à 200 °C (th. 6-7).

2 **Lavez** et coupez les bulbes de fenouil en quatre.

3 **Faites chauffer** le beurre et l'huile dans un moule à manqué allant sur le feu, puis déposez les fenouils coupés. Salez, poivrez et laissez cuire à feu vif pendant 5 minutes.

4 **Ajoutez** dans le moule le jus d'orange, les graines de fenouil et le sucre. Baissez le feu et laissez mijoter pendant 15 minutes en remuant régulièrement.

5 **Déroulez** la pâte feuilletée sur le plan de travail et piquez-la à l'aide d'une fourchette, puis recouvrez-en les fenouils en rabattant la pâte à l'intérieur du moule.

6 **Baissez** le four à 180 °C (th. 6) et faites cuire pendant 30 minutes. Démoulez quand la tarte est chaude, décorez-la avec des copeaux de parmesan et dégustez-la chaude ou tiède.

Utilisez un économe pour tailler des copeaux de parmesan.

TARTE aux poireaux et fourme d'Ambert

Pour 6 personnes
Préparation : 20 min
Cuisson : 1 h

1 pâte brisée
3 blancs de poireau
100 g de fourme d'Ambert
5 cl de crème liquide
50 g de cerneaux de noix
beurre doux pour le moule
sel et poivre du moulin

1 **Préchauffez** le four à 200 °C (th. 6-7).

2 **Beurrez** un moule à tarte. Foncez la pâte dans le moule.

3 **Faites cuire** dans une casserole d'eau bouillante salée les blancs de poireau entiers pendant 15 à 20 minutes. Égouttez-les et coupez-les en deux dans le sens de la longueur. Disposez-les sur la pâte en les effeuillant.

4 **Ajoutez** la crème liquide et les cerneaux de noix. Coupez en cubes la fourme d'Ambert et ajoutez-les sur la tarte. Salez légèrement et poivrez.

5 **Enfournez** pour 40 minutes, puis dégustez la tarte chaude ou tiède.

Notes :

Servez cette tarte en entrée ou en plat avec une salade de jeunes pousses.

TARTE
aux figues et à la coppa

Pour 6 personnes

Préparation : 20 min

Cuisson : 40 min

1 pâte brisée

8 tranches de coppa

8 figues fraîches

½ aubergine

100 g de gorgonzola

50 g de parmesan

2 cuil. à soupe de graines de chia

beurre doux pour le moule

sel et poivre du moulin

Notes : ....

....

....

1 **Préchauffez** le four à 200 °C (th. 6-7).

2 **Beurrez** un moule à tarte. Foncez la pâte dans le moule.

3 **Lavez** l'aubergine et coupez-la en lamelles dans le sens de la longueur. Disposez-les sur la pâte.

4 **Lavez** et coupez les figues en quatre, puis coupez les tranches de coppa en deux. Disposez, en les alternant, les figues et la coppa sur les aubergines. Ajoutez le gorgonzola coupé en morceaux, puis parsemez de graines de chia. Salez et poivrez.

5 **Enfournez** pour 40 minutes, puis dégustez la tarte chaude ou tiède.

Remplacez les aubergines par des courgettes.

TARTE
au potiron et graines de courge

Pour 6 personnes

Préparation : 20 min

Cuisson : 45 min

1 pâte brisée

600 g de potiron

2 cuil. à soupe de graines de courge

1 bouquet de persil plat

2 cuil. à soupe d'huile d'olive

30 g de beurre + un peu pour le moule

2 cuil. à soupe de cassonade

sel rouge d'Hawaï

poivre du moulin

Notes : ....

....

....

1 **Préchauffez** le four à 200 °C (th. 6-7).

2 **Beurrez** un moule à tarte. Foncez la pâte dans le moule.

3 **Coupez** le potiron en lamelles assez fines. Faites chauffer une poêle avec l'huile d'olive et faites dorer les lamelles de potiron pendant 15 minutes.

4 **Ajoutez** ensuite le beurre, le sel, le poivre, puis la cassonade. Mélangez, puis disposez les lamelles de potiron sur la pâte et enfournez pour 30 minutes.

5 **Décorez** avec le persil plat et des graines de courge et dégustez la tarte chaude ou tiède.

Ajoutez des copeaux de parmesan
à la sortie du four pour
plus de gourmandise.

TARTE
aux légumes anciens

Pour 6 personnes

Préparation : 20 min

Cuisson : 40 min

1 pâte brisée
1 carotte jaune
1 carotte orange
1 carotte violette
1 panais
1 petite patate douce
15 cl de crème liquide
2 œufs
1 bouquet de persil plat
beurre doux pour le moule
sel et poivre du moulin

Notes : ....

1 **Préchauffez** le four à 200 °C (th. 6-7).

2 **Beurrez** un moule à tarte. Foncez la pâte dans le moule et piquez le fond de tarte avec une fourchette. Faites-la cuire pendant 10 minutes.

3 **Lavez** les légumes, pelez-les et coupez-les en très fines lamelles. Disposez-les sur le fond de tarte précuit en commençant par l'extérieur et en formant des cercles.

4 **Battez** les œufs avec la crème, puis ajoutez le persil ciselé dans un saladier. Salez et poivrez, puis versez sur la tarte.

5 **Enfournez** pour 30 minutes, puis dégustez la tarte tiède.

Utilisez des courgettes de couleur
et dégustez cette tarte avec une sauce
au fromage blanc, persil,
sel et poivre.

TARTE ÉTOILE
aux épinards et rocamadour

Pour 6 personnes

Préparation : 20 min

Cuisson : 35 min

1 pâte brisée

500 g d'épinards frais

2 rocamadours

5 cl de crème épaisse

2 œufs + 1 jaune

30 g de beurre doux

1 bouquet de thym frais + un peu pour la décoration

1 cuil. à soupe de sésame

sel et poivre du moulin

1 **Préchauffez** le four à 200 °C (th. 6-7).

2 **Déroulez** la pâte brisée sur une plaque à pâtisserie recouverte d'un papier sulfurisé. Découpez avec un couteau pointu la pâte en 8 parts égales en partant du centre.

3 **Lavez** et essorez les épinards et enlevez les tiges. Faites chauffer une poêle avec le beurre. Faites cuire les épinards pendant 2 à 3 minutes à feu vif, salez et poivrez, puis égouttez-les.

4 **Battez** dans un saladier les œufs et la crème, puis ajoutez le thym effeuillé et les épinards égouttés. Étalez cette préparation sur la pâte sans aller jusqu'aux extrémités.

5 **Coupez** les rocamadours en quatre, disposez-les sur la préparation aux épinards, puis parsemez des graines de sésame. Repliez ensuite les extrémités de la pâte deux à deux afin de former une étoile.

6 **Dorez** la pâte avec le jaune d'œuf à l'aide d'un pinceau, puis enfournez pour 30 minutes. Parsemez de thym frais et dégustez la tarte chaude ou tiède.

Notes : ....

Un pliage qui donne en toute simplicité un petit air de fête à votre table.
N'hésitez pas à réaliser cette recette avec d'autres garnitures de votre choix.

TARTELETTES
au chocolat et aux graines

Pour 6 personnes

Préparation : 20 min

Cuisson : 25-30 min

1 pâte sablée

150 g de chocolat noir

50 g de chocolat au lait

10 cl de lait

15 cl de crème liquide

1 œuf

2 cuil. à soupe de mélange de graines

beurre doux pour les moules

Notes : ....

1 **Préchauffez** le four à 160 °C (th. 5-6).

2 **Beurrez** 6 moules à tartelette. Foncez la pâte dans les moules et piquez-la avec une fourchette. Recouvrez-la d'un papier sulfurisé, puis ajoutez des billes de cuisson. Faites-la précuire pendant 15 minutes, puis ôtez le papier et les billes.

3 **Coupez** les chocolats en morceaux. Faites bouillir dans une casserole le lait et la crème, puis versez-les sur les chocolats. Mélangez vivement. Quand le chocolat est fondu, ajoutez l'œuf et mélangez à nouveau.

4 **Versez** la préparation sur les fonds de tarte, puis enfournez pour 10 à 15 minutes, en surveillant, jusqu'à ce que le dessus des tartelettes soit figé. Parsemez de graines et dégustez les tartes tièdes.

Ajoutez des framboises fraîches dans la ganache pour apporter de l'acidité.

TARTE
à l'ananas et au nougat

Pour 6 personnes

Préparation : 20 min

Cuisson : 30 min

4 feuilles de brick

500 g d'ananas frais ou au sirop

50 g de nougat aux cranberries (à ajuster selon les goûts)

110 g de sucre roux en poudre

1 sachet de sucre vanillé

10 cl de crème liquide

2 œufs

50 g de beurre mou + un peu pour le moule

Notes : ....

1 **Préchauffez** le four à 200 °C (th. 6-7).

2 **Beurrez** un moule à tarte. Badigeonnez les feuilles de brick avec le beurre mou à l'aide d'un pinceau, puis saupoudrez-les avec 60 g de sucre roux. Superposez les feuilles dans le moule à tarte beurré.

3 **Déposez** l'ananas coupé en cubes sur les feuilles de brick.

4 **Battez** dans un saladier les œufs et le sucre restant, puis ajoutez la crème et le sucre vanillé. Incorporez les morceaux de nougat et versez sur la pâte.

5 **Enfournez** pour 30 minutes, puis dégustez la tarte tiède.

Variez en toute simplicité : ajoutez de la mangue et utilisez un autre nougat.

TARTES FINES
aux pommes

Pour 6 personnes

Préparation : 15 min

Cuisson : 30 min

18 feuilles de pâte filo

3 pommes

60 g de sucre roux en poudre

50 g de beurre mou

2 cuil. à café de poudre de vanille

1 **Préchauffez** le four à 200 °C (th. 6-7).

2 **Pelez** et coupez les pommes en fines rondelles.

3 **Pliez** chaque feuille de pâte filo en trois et superposez-les trois par trois, en les badigeonnant de beurre mou au pinceau.

4 **Posez** les bases des tartes sur une plaque à pâtisserie. Disposez les pommes dessus. Saupoudrez de vanille et de sucre.

5 **Enfournez** pour 30 minutes, puis dégustez les tartes tièdes.

Notes :

Dégustez les tartes avec une boule de glace à la vanille.

TARTE
à l'abricot et au thym

Pour 4 personnes

Préparation : 20 min

Cuisson : 40 min

1 pâte brisée

8 abricots

3 branches de thym frais

2 cuil. à soupe de semoule extra-fine

4 cuil. à soupe de sucre roux en poudre

1 cuil. à café de fécule de pomme de terre

5 cl de crème liquide

1 œuf

beurre doux pour le moule

Notes :

1 **Préchauffez** le four à 200 °C (th. 6-7).

2 **Lavez** et effeuillez le thym.

3 **Beurrez** un moule à tarte. Étalez la pâte sur le plan de travail et saupoudrez-la de la moitié du thym. Faites pénétrer le thym dans la pâte à l'aide d'un rouleau à pâtisserie, puis foncez la pâte dans le moule. Versez alors la semoule et la moitié du sucre roux.

4 **Lavez** et ouvrez les abricots en deux et déposez-les sur la tarte. Enfournez pour 25 minutes.

5 **Mélangez** dans un saladier l'œuf, la fécule de pomme de terre diluée dans un peu d'eau et la crème.

6 **Sortez** la tarte du four, ajoutez la préparation œuf-fécule-crème, saupoudrez du sucre roux et du thym restants. Remettez au four pour 15 minutes. Dégustez la tarte chaude ou tiède.

TARTE
au citron meringuée et basilic

Pour 6 personnes
Préparation : 20 min
Cuisson : 35 min
Réfrigération : 2 h

1 pâte sablée
2 citrons jaunes
2 citrons verts
150 g de sucre en poudre
1 cuil. à soupe de Maïzena®
3 œufs
beurre pour le moule

Pour la meringue

2 blancs d'œufs
100 g de sucre glace
1 pincée de sel
1 branche de basilic + quelques-unes pour la décoration

Notes : ....

1 **Préchauffez** le four à 160 °C (th. 5-6).

2 **Beurrez** un moule à tarte. Étalez la pâte sur le plan de travail.

3 **Parsemez** la pâte de zestes de citron vert. Faites pénétrer les zestes à l'aide d'un rouleau à pâtisserie, puis foncez la pâte dans le moule. Recouvrez-la d'une feuille de papier sulfurisé avec des billes de cuisson. Enfournez pour 20 minutes, puis ôtez le papier et les billes.

4 **Lavez** les citrons jaunes, prélevez les zestes et mettez-les dans une casserole. Pressez les 4 citrons et versez le jus dans la casserole. Ajoutez la Maïzena® et le sucre, puis faites chauffer. Incorporez ensuite les œufs battus et faites épaissir sans cesser de remuer. Versez cette crème au citron sur la pâte cuite.

5 **Préparez** la meringue. Battez en neige très ferme dans un saladier les blancs d'œufs avec le sel, puis ajoutez le sucre glace et les feuilles de basilic ciselées. Étalez la meringue au basilic sur la crème au citron, puis remettez au four pour 15 minutes. Réservez au réfrigérateur pendant 2 heures avant de déguster.

Si vous n'avez pas le temps, remplacez la crème au citron par du lemon curd tout prêt.

TARTE
tressée aux spéculoos

Pour 6 personnes

Préparation : 20 min

Cuisson : 30 min

2 pâtes feuilletées

200 g de pâte de spéculoos

4 spéculoos pour la décoration

1 jaune d'œuf

Notes : ....

1 **Préchauffez** le four à 200 °C (th. 6-7).

2 **Déroulez** les pâtes et mettez-les l'une sur l'autre en appuyant à l'aide d'un rouleau à pâtisserie pour les unir. Placez-les ensuite sur une plaque à pâtisserie recouverte d'un papier sulfurisé.

3 **Étalez** sur le fond de tarte la moitié de la pâte de spéculoos. Roulez la pâte très serrée, puis coupez le rouleau en deux dans le sens de la longueur. Tressez ensuite les deux parties de pâte entre elles et rejoignez les extrémités afin de former une couronne.

4 **Répartissez** sur le dessus la pâte de spéculoos restante, dorez au jaune d'œuf, puis enfournez pour 30 minutes.

5 **Décorez** avec les spéculoos émiettés et dégustez la tarte tiède.

Les spéculoos, la petite touche qui change tout !

TARTE
à la fraise et au basilic

Pour 6 personnes

Préparation : 15 minutes

Cuisson : 15 min

Réfrigération : 1 h 30

1 paquet de palets bretons
200 g de fraises
100 g de pralin en grains
40 g de beurre doux

Pour la crème pâtissière

2 œufs entiers + 2 jaunes
50 cl de lait
1 gousse de vanille
50 g de sucre en poudre
1 sachet de sucre vanillé
40 g de farine blanche
1 branche de basilic

1 **Faites fondre** le beurre.

2 **Émiettez** les palets bretons dans un saladier, puis ajoutez le pralin et le beurre fondu. Disposez cette pâte dans un moule et tassez bien. Réservez au réfrigérateur pendant 30 minutes.

3 **Réalisez** la crème pâtissière. Faites bouillir dans une casserole le lait avec la gousse de vanille fendue en deux et grattée.

4 **Battez** dans un saladier les œufs et les jaunes avec les sucres, puis ajoutez la farine. Lorsque le lait bout, versez-le sur les œufs et remettez sur le feu. Faites épaissir sans cesser de remuer pendant 5 minutes. Mettez ensuite la crème à prendre au réfrigérateur pendant 1 heure.

5 **Disposez** au moment de servir la crème refroidie sur le fond de tarte, puis ajoutez les fraises lavées et coupées en tranches épaisses, et le basilic.

Notes : ....

....

....

Ajoutez des framboises et des mûres.

TARTE
aux agrumes

Pour 6 personnes

Préparation : 20 min

Cuisson : 25 min

1 pâte brisée

1 orange + des zestes pour la décoration

1 pamplemousse

2 citrons verts + des zestes pour la décoration

100 g de poudre d'amandes

100 g de sucre en poudre

100 g de beurre doux mou + un peu pour le moule

2 œufs

1 cuil. à café d'extrait d'amande amère

Notes : ....

....

....

1 **Préchauffez** le four à 160 °C (th. 5-6).

2 **Beurrez** un moule à tarte et foncez la pâte dans le moule.

3 **Fouettez** dans un saladier le beurre mou et le sucre à l'aide d'un batteur. Ajoutez les œufs, la poudre d'amandes et l'extrait d'amande amère. Mélangez. Versez cet appareil sur la pâte. Enfournez pour 25 minutes, puis laissez refroidir.

4 **Détaillez** tous les agrumes en suprêmes, puis disposez-les sur la crème d'amandes cuite. Décorez avec les zestes de 1 citron et de 1 orange, et dégustez la tarte froide.

Poêlez vos suprêmes dans un peu de beurre et de sucre afin de les faire caraméliser avant de les disposer sur la crème d'amandes.

TARTELETTES
aux pralines roses

Pour 8 personnes

Préparation : 20 min

Cuisson : 20 min

Réfrigération : 2 h

1 pâte feuilletée

200 g de pralines roses + pour la décoration

25 cl de crème liquide

60 g de beurre + un peu pour le moule

quelques feuilles de menthe pour la décoration

Notes : ....

1 **Préchauffez** le four à 200 °C (th. 6-7).

2 **Beurrez** 8 moules à tartelettes. Foncez la pâte dans les moules et recouvrez-les d'un papier sulfurisé, puis ajoutez des billes de cuisson. Faites-les cuire pendant 20 minutes. La pâte doit être légèrement dorée. Ôtez le papier et les billes.

3 **Mettez** les pralines, la crème et le beurre dans une casserole et faites cuire 15 minutes à tout petit bouillon. Mélangez.

4 **Versez** cette préparation sur les fonds de tarte cuits et laissez prendre au réfrigérateur pendant 2 heures. Dégustez les tartelettes froides, décorées de pralines concassées et de feuilles de menthe.

Enduisez à l'aide d'un pinceau la pâte d'un mélange de beurre fondu et de sucre. Servez ces tartelettes avec une glace vanille.

TARTE
croustillante aux nectarines

Pour 6 personnes

Préparation : 20 min

Cuisson : 30 min

- 4 feuilles de brick
- 3 nectarines blanches ou jaunes
- 8 biscuits spéculoos + 1 pour la décoration
- 100 g de sucre roux en poudre
- 50 g de beurre mou

1 **Préchauffez** le four à 200 °C (th. 6-7).

2 **Beurrez** un moule à tarte.

3 **Badigeonnez** les feuilles de brick avec le beurre mou à l'aide d'un pinceau. Saupoudrez-les de 60 g de sucre roux, puis superposez-les dans le moule à tarte.

4 **Écrasez** les spéculoos grossièrement et mettez-les sur les feuilles de brick.

5 **Lavez** et coupez en fines lamelles les nectarines et disposez-les sur les spéculoos, puis saupoudrez du sucre restant.

6 **Enfournez** pour 30 minutes. Dégustez la tarte tiède, décorée de 1 spéculoos émietté.

Notes : ....

Et pourquoi pas ajouter de la pêche ?

TARTE
aux framboises et aux pistaches

Pour 6 personnes
Préparation : 20 min
Cuisson : 25 min

- 1 pâte sablée
- 200 g de framboises
- 1 gousse de vanille
- 20 cl de crème liquide très froide
- 60 g de sucre glace
- 50 g de pistaches
- 1 branche de menthe
- beurre pour le moule

1 **Préchauffez** le four à 150 °C (th. 5).

2 **Beurrez** un moule à tarte rectangulaire. Foncez la pâte dans le moule et recouvrez-la d'un papier sulfurisé, puis ajoutez des billes de cuisson. Faites cuire pendant 20 à 25 minutes. Laissez refroidir, puis ôtez le papier et les billes.

3 **Fendez** la gousse de vanille en deux et prélevez les graines.

4 **Réalisez** la chantilly. Mettez la crème très froide dans le bol d'un robot ou dans un saladier, puis fouettez à vitesse maximale jusqu'à ce que la crème monte. Ajoutez les graines de vanille et le sucre sans cesser de fouetter.

5 **Disposez** la crème Chantilly sur le fond de tarte, puis ajoutez les framboises. Décorez de pistaches concassées et de feuilles de menthe ciselées.

Notes : ....

Variez les saveurs et parfumez la tarte avec du thym à la place de la menthe.

TARTE
à la mangue et à la coco

Pour 6 personnes
Préparation : 20 min
Cuisson : 30 min
Réfrigération : 1 h

1 pâte sablée
1 mangue
20 cl de crème de coco
1 zeste de citron vert
80 g de coco râpée
50 g de sucre en poudre
1 feuille de gélatine
beurre pour le moule

Notes : ....

1 **Préchauffez** le four à 200 °C (th. 6-7).

2 **Beurrez** un moule à tarte. Foncez la pâte dans le moule et recouvrez-la d'un papier sulfurisé, puis ajoutez des billes de cuisson. Faites cuire pendant 20 à 30 minutes. La pâte doit être légèrement dorée. Ôtez le papier et les billes.

3 **Laissez ramollir** la gélatine dans un bol d'eau froide. Faites chauffer dans une casserole la crème de coco avec le sucre à feu doux, puis ajoutez la feuille de gélatine essorée et enfin la noix de coco et le zeste de citron.

4 **Versez** cette préparation sur le fond de tarte et laissez prendre au réfrigérateur. Détaillez la mangue en tranches fines et disposez-les sur la crème de coco. Dégustez la tarte froide, saupoudrée de zestes de citron et de noix de coco râpée.

C'est aussi très bon avec de la pulpe de fruits de la Passion à la place de la mangue.

TARTE ROSACE
au sucre

Pour 6 personnes

Préparation : 20 min

Cuisson : 30 min

1 pâte feuilletée

125 g de cassonade

10 cl de crème liquide

2 œufs

30 g de beurre
+ un peu pour le moule

1 **Préchauffez** le four à 200 °C (th. 6-7).

2 **Beurrez** un moule à tarte.

3 **Battez** dans un saladier les œufs avec la crème liquide.

4 **Déroulez** la pâte feuilletée et découpez-la en bandeaux de largeur égale. Répartissez le sucre sur la totalité de la pâte, puis étalez le mélange crème-œufs.

5 **Enroulez** chaque bandeau et disposez-les à la verticale dans le moule. Découpez le beurre en petits dés et répartissez-les sur la pâte.

6 **Enfournez** pour 30 minutes.

Notes : ....

....

....

Ajoutez des pépites de chocolat
pour le plaisir des enfants (ou le vôtre).

TARTELETTES *Tatin aux poires et au chocolat*

Pour 4 personnes

Préparation : 20 min

Cuisson : 40 min

1 pâte feuilletée

3 poires

80 g de chocolat au lait

50 g de sucre roux

50 g de beurre
+ un peu pour les moules

1 **Préchauffez** le four à 200 °C (th. 6-7).

2 **Beurrez** 4 moules à tartelettes.

3 **Découpez** à l'aide d'un emporte-pièce 4 cercles de pâte d'un diamètre supérieur aux moules.
Pelez et coupez les poires en lamelles.

4 **Faites chauffer** les moules à tartelettes s'ils vont sur le feu (ou à défaut une poêle) avec le beurre et le sucre. Ajoutez les lamelles de poires et faites caraméliser pendant 5 minutes.

5 **Recouvrez** ensuite les moules de la pâte feuilletée. Enfournez pour 30 minutes. Attention au démoulage, le jus des poires va couler. Hachez au couteau le chocolat, puis parsemez-en les tartelettes. Dégustez-les tièdes.

Notes : ....

....

....

Réalisez cette tatin pour 6 personnes
dans un moule à manqué.

TARTE TATIN
aux pommes, groseilles et myrtilles

Pour 6 personnes

Préparation : 20 min

Cuisson : 40-45 min

1 pâte brisée

4 pommes

100 g de groseilles

100 g de myrtilles

60 g de sucre roux

50 g de beurre
+ un peu pour le moule

Notes :

1 **Préchauffez** le four à 200° (th. 6-7).

2 **Beurrez** un moule à manqué.

3 **Pelez** et coupez les pommes en deux, puis épépinez-les.

4 **Faites chauffer** le moule s'il va sur le feu (ou à défaut une poêle) avec le beurre et le sucre. Ajoutez les pommes côté coupé vers le haut et faites-les caraméliser pendant 5 à 10 minutes. Ajoutez en fin de cuisson les myrtilles et les groseilles.

5 **Recouvrez** ensuite le moule de la pâte brisée et enfournez pour 30 minutes. Attention au démoulage, le jus des pommes et des fruits rouges va couler. Dégustez la tarte tiède.

Servez la tatin avec 1 cuillerée de crème fraîche aux groseilles.

MESURES *utiles*

1 NOISETTE DE BEURRE = **4** grammes

1 NOIX DE BEURRE = **15** grammes

1 CUILLERÉE À SOUPE

= **15** grammes de sucre, farine ou beurre

= **12** grammes de crème fraîche ou d'huile

= **3** cl de liquide

= **3** cuillerées à café

1 CUILLERÉE À CAFÉ

= **5** grammes de sel, sucre ou beurre

= **7** grammes d'huile

= **0,5** cl de liquide

= **5** grammes de farine ou semoule

1 PINCÉE DE SEL = **0,3** à **0,5** gramme

1 MORCEAU DE SUCRE = **5** grammes

Économat

Dans le placard

Sels (sel fin, gros sel, fleur de sel, sels aromatisés) et poivres (noir ou exotique)

Huiles de goût neutre (maïs, tournesol, colza) ou parfumées (olive, noix...)

Vinaigres (blanc, rouge, balsamique, de xérès, de cidre...)

Lait (entier, allégé ou écrémé)

Crème liquide

Sucres (sucre semoule blanc ou roux, sucre glace)

Sauces asiatiques (soja, hoisin, teriyaki...)

Farine

Levure chimique

Cacao en poudre

Plaquettes de chocolat

Aides culinaires : bouillons et courts-bouillons déshydratés en cubes et en tablettes, gelée alimentaire en feuilles ou en poudre, fonds de veau ou de volaille, Maïzena®

Vanille (extrait ou gousse)

Riz, pâtes, semoules et céréales

Herbes

Épices

Fruits secs

Graines (sésame, lin, tournesol...)

Tomates en conserve

Ail, échalote, oignons et pommes de terre

Température du four

Thermostat	Température approximative
1	**30 °C** (à peine tiède)
2	**60 °C** (tiède)
3	**90 °C** (chaleur très douce)
4	**120 °C** (chaleur douce)
5	**150 °C** (chaleur modérée)
6	**180 °C** (chaleur moyenne)
7	**210 °C** (assez chaud)
8	**240 °C** (chaud)
9	**270 °C** (très chaud)
10	**300 °C** (chaleur vive)

Dans le réfrigérateur

Œufs

Beurre

Pâtes prêtes à l'emploi

Moutardes

Herbes fraîches

Gruyère et parmesan râpés

Super pratique !

Dans le congélateur

Herbes

Plats cuisinés

Légumes

TABLE des RECETTES

INDEX

Photographies et stylisme :
Valéry Guedes

Directeur éditorial : **Didier Férat**
Édition : **Diane Monserat**
Graphisme et conception : **Julia Philipps**
Mise en page : **Stéphanie Aparicio**
Conception de la couverture : **Elodie Chaillous** / Adaptation : **Stéphanie Aparicio**
Photograveur : **Nord Compo**
Fabrication : **Laurence Duboscq**

Solar | un département **place des éditeurs**

place des éditeurs

ISBN : 978-2-263-15403-4
Code éditeur : S15403/02
Dépôt légal : janvier 2018
Imprimé en France par Champagne